限られた「人・モノ・金・時間」を
最大化する戦略書

仕事を減らせ。

伊勢の老舗食堂 後継ぎ
有限会社ゑびや 代表
小田島春樹

かんき出版

そもそも仕事とは

多くの方にとって仕事は
「生活の糧を得るための手段」であり、
生きていく上で必要なお金を稼ぐ方法だと
捉えられているのではないでしょうか。

一方で、私たちがこの世界で生きていくには
何らかの価値を創造し、
その価値を受け取る人がいることで成り立つ。
そうすることで社会がより便利に、楽しく、快適になっていく――。
そんな〝ピース〟のようなものが仕事だとも思っています。

つまり、本来、仕事の本質的な意味は
経済社会の発展に寄与し、豊かな社会を築くための要素である
はずです。

ところが実際には
日々の「やらなければいけないこと」に追われ、
何のために取り組んでいるのかわからないままただ続けてしまう――。
そんな仕事が多いように感じます。

それは〝仕事〟というより、〝作業〟に近いのではないでしょうか。

これから、さまざまな仕事がＡＩに置き換えられる時代が
やってくると言われています。

だからこそ、「誰かのためになる製品やサービス」を
生み続けることが重要だと私は考えています。

そのためには……

単純な作業はできるだけ減らし、

「誰かの役に立つ」

「しっかり儲けを出す仕事にリソースを集中する」

「地域経済を回す」

そんな仕事を増やしていく必要があります。

本書で私が「仕事を減らせ」と言っているのは、

「作業的な仕事」を極力少なくして、

より「価値ある仕事」に注力しよう。

という想いを伝えたいからなのです。

仕事を減らせ。

小田島春樹

ゑびや
大食堂
商店
岩戸屋

contents

仕事を減らせ。

限られた「人・モノ・金・時間」

を最大化する戦略書

はじめに

1章 仕事が山積みの職場

2章

「あらゆる業務を自動化」&「未来予測で効率化」

3章 盾にも武器にもなるデータ分析

4章 生産性を高めた組織の現場

5章 これまでの事業領域を変える

はじめに

これからの時代に適した商売のあり方

「お伊勢さん」の愛称で親しまれる三重県の伊勢神宮。

その門前から続く参道に創業150年の「ゑびや大食堂」があります（2016年に名称変更、それ以前の店名は「ゑびや」）。

妻の実家が営むこの食堂に私が後継ぎとして入ったのは2012年のことです。

当時の「ゑびや」は、どの地方にもあるような、昔ながらの大衆食堂でした。

手切りの食券で注文を受け、そろばんを弾いてお勘定。

日々の売上は紙の台帳に手書きで記録。

時代はすでに平成でしたが、その経営スタイルは昭和そのものです。

店舗運営には**「人・モノ・金・時間」において、多くの無駄が生じていました。**

お菓子
えびや

それから12年が経った現在の「ゑびや大食堂」はどうなったか。

一日のスタートである朝礼では、スタッフが手元のタブレット端末を見ながら、前日の売上と当日の時間別来客数や売上などの**予測データ**を確認。

調理場では**メニュー別の数量予測**にもとづいて料理の仕込みを過不足なく行う。

店舗では**予測される来客数**に応じてスタッフを適正に配置します。

営業開始後、スタッフは店内のモニターに表示される客数や売上、客単価、商品別販売数などの実数を**リアルタイムで確認**しながら、どの客層にどのメニューが売れているかといった情報を把握。店頭のメニュー看板をその日の客層に好まれるものに変えるなどをして、売上アップを図ります。

一日の営業が終わると、本日の売上や客数をはじめとするデータが**自動的に集計**されます。手入力の作業は一切ありません。

食材や備品などは**自動発注**。在庫管理も自動化しています。

メディアでは「**世界一IT化された食堂**」と紹介されるまでになりました。

ゑびや
大食堂
商店

ゑびや

人・モノ・金・時間の変化

地方の小さな食堂が、**「デジタル化」**と**「データ分析」**の活用へと一気に舵を切ったことによりここまでの変革を遂げました。

「デジタル化」により、現場の業務やオペレーションを省力化。

「データ分析」により、お客様の情報を把握、より多く、単価の高い商品を開発・提供。

これによって「ゑびや」の収益性は大幅に向上しました。

それだけではありません。

仕事の属人化が解消されたのです。

つまり、「その人がいないと業務が進まない」というのがなくなったのです。

経営者である私がいなくても現場が回るようになり、時間の余裕が生まれました。

時間の余裕で何ができるかというと、小売業やＥＣ事業など、事業を広げることが可能になりました。

さらに、デジタル技術の活用やデータ分析で培ったノウハウを活かして、「**事業領域の拡大**」も可能になりました。

結果、２０２４年度の「ゑびやグループ」としての売上は約12億円。役員報酬を含めた利益は１・５億円を達成しました。２０１２年当時と比較すると、**売上は12倍増、利益は80倍増を実現**したことになります。

売上減×人件費増×原材料費高騰の時代

そもそもなぜ、「デジタル化」と「データ分析」による変革を推進したのか。

それは今後の日本を考えると従来通りに経営をしたら儲からないからです。

国内でビジネスをする企業や事業者ではどこも例外ではありません。

人口減少でマーケットは縮小し、売上が低下するのは目に見えています。

特に減少率が高いのは、15歳から64歳までの生産年齢人口です。

２０６０年の生産年齢人口は４４１８万人で、２０３０年の推計値である６７７３万人から約30％も減少。全人口に占める**生産年齢人口の割合は50・9％まで低下**します（国立社会保障・人口問題研究所の推計）。

働く人の数は加速度的に減っていき、企業は採用しにくくなる。**少ない働き手を奪い合う**状況になれば人件費の負担は増大します。

さらに、**原材料費の高騰**も重くのしかかります。

世界人口は増加を続け、エネルギーから食糧、資材まで、あらゆるものの需要が拡大します。物資調達の国際間競争が熾烈になれば価格の高騰が見込めます。海外からの輸入に依存している日本企業はコスト増を避けられません。

売上が減少し、人件費や原材料費が増加すれば、企業の利益は縮小するわけです。

生産年齢人口のこれまでとこれから

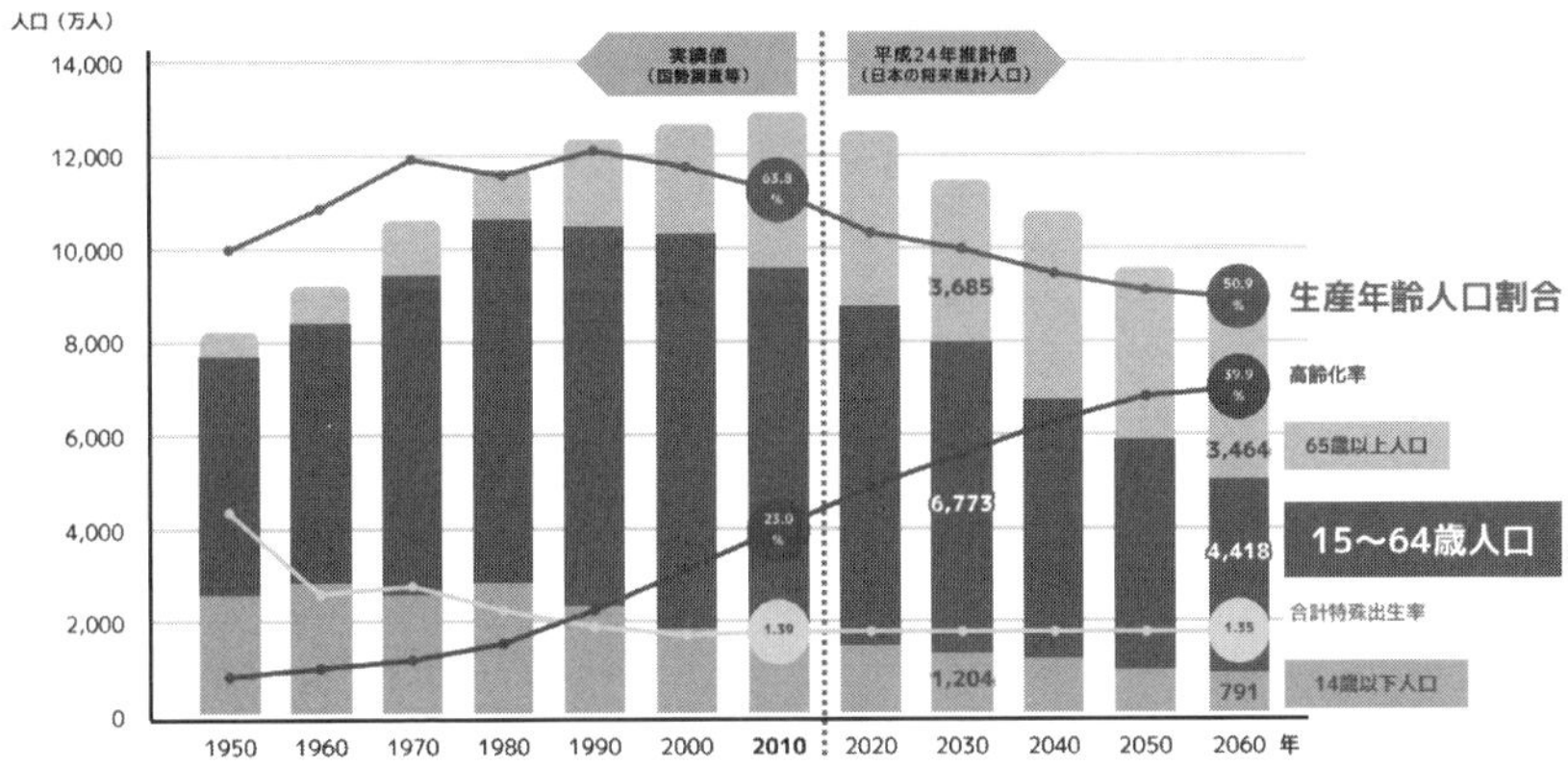

かつて日本は、人口増加と国内マーケットの拡大に伴う高度成長を遂げた時期がありました。右肩上がりの時代は企業が何をやっても大抵うまくいきました。

ですが、これからは「売上減×人件費増×原材料費高騰」の時代。

以前と同じことを続けていたら、企業が衰退していくのは明らかです。

何をやってもうまくいかない時代に突入する。

それが経営者となった私の未来予想図だったのです。

だからこそ変わらなければいけない。

そう決意しました。

儲かる商売を実現する、たった一つの法則

では、これからの時代に適した商売をするには何が大切なのか。

答えは一つ、**生産性を高めること**です。

「ゑびやグループ」が行ってきた事業戦略を重ねると次ページのようになります。

つまり、最小限の人数で、利益を多く上げれば生産性が向上するわけです。

この方程式がこれからの商売に必要な「たった一つの法則」。そう確信しています。

「ゑびや大食堂」と併設の土産物店「ゑびや商店」を合わせた従業員一人あたりの売上は、2012年におよそ1億円でした。2023年には6億円に増加し、生産性は大きく向上しています。

生産性向上のカギを握るのが、「デジタル化」と「データ分析」。

まずはこの二つを進めて、生まれた余裕で新規事業に取り組むわけです。

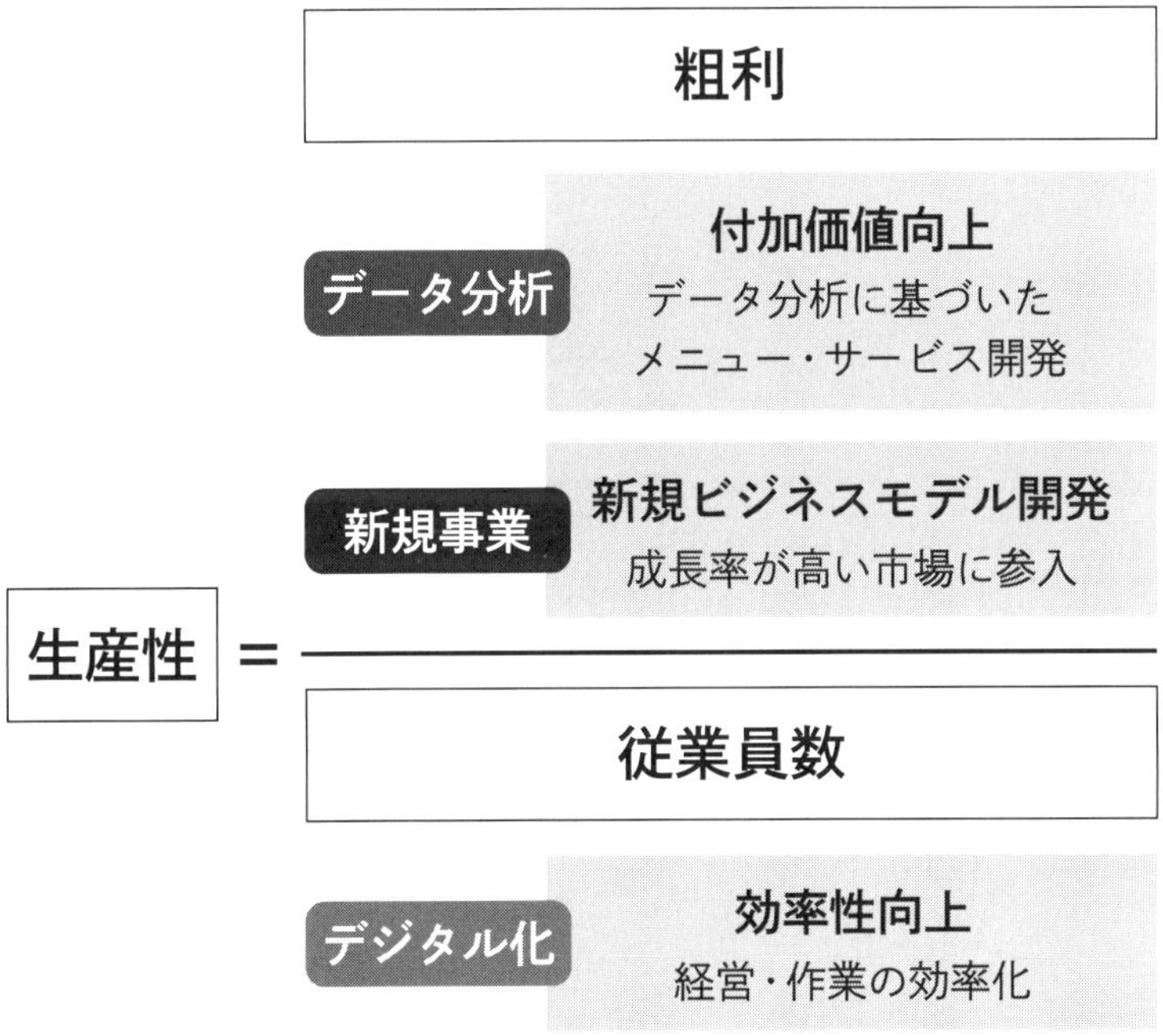
粗利
付加価値向上
データ分析
データ分析に基づいた
メニュー・サービス開発
新規ビジネスモデル開発
新規事業
成長率が高い市場に参入
生産性
＝
従業員数
効率性向上
デジタル化
経営・作業の効率化

「DXやAI活用なんてものは、莫大な初期投資や専門人材の雇用が可能な大企業でなければできないだろう」

そんな声が聞こえてきそうですが、大丈夫です。

12年前の私たちはそれこそお金もなければ、デジタルの知識もない。家族経営の超零細企業に過ぎませんでした。

私自身、当時のＩＴスキルといえば、エクセルを多少触れる程度。もちろんデータ分析やＡＩ活用の専門教育を受けたことはありません。

そもそも「ゑびや」に入社した当時は20代後半で、サラリーマン経験も3年程度しかない。自分がやっていることが経営改革と呼べるのかよくわかっていませんでした。

資金面でも余裕がなく、手書きの台帳から脱却するために必要なＰＯＳレジを買うお金の工面にすら苦労するほどでした。

それでも変わることができたのです。

もちろん、最初からうまくいったわけではありません。

現在の姿になるまでにはさまざまな試行錯誤がありました。

そんな私たちの体験とノウハウを共有します。私たちのように何年も費やす必要はありません。今日から生産性向上への取り組みを始めるために役立てていただきたい。これが本書を執筆した動機です。

本書では、私たちが生産性向上に向けた事業戦略をどのように進めてきたかをたどりながら、これからの日本で企業が成長するための条件をひも解いていきます。

縁あって三重県伊勢市に移り住み、「儲かるビジネス」の実現に向けて挑戦を続けてきた今の私には実現したいことがあります。

それは地方を元気にすることです。

そのためには地方経済を支える中小企業や個人商店が、これでもかというくらい稼ぐしかありません。人口減少や過疎化、都市部より早く進む高齢化など、昨今は地方について後ろ向きな情報ばかりが目につきます。そこで本当に「地方はもうダメだ」と思ってしまったら何も変わりません。

むしろ「地方だから変われる」「中小企業だから儲かる」ことを証明する。

そんな思いで、私は今日も新たな挑戦を続けています。

1章

仕事が山積みの職場

すべて人の手で行われている職場

古きよき時代のノスタルジックな大衆食堂——。

それが「ゑびや」の第一印象でした。

店頭に並ぶメニューサンプルには、カレーライスにエビフライ、緑色のメロンソーダフロート。昭和を知る人なら懐かしさあふれるラインナップです。

そのサンプルも長年の日焼けで色あせていました。

店内には畳の座敷席が広がっています。店内、調理場にエアコンはなく、夏は扇風機を回します。その中でお客様が食事する様子は海の家を思い起こさせました。

東京でサラリーマンをしていた私にとってその光景は、驚きを通り越してむしろ新鮮に映るほどでした。

名物
手こねずし

さらに驚いたのは注文と会計です。

お店の入り口に番台があり、従業員が一人立っています。お客様はここでメニューを選び、注文する商品を告げると、その従業員が紙の食券をちぎって手渡し、そろばんを弾いて勘定します。

会計用のレジもなく、すべてが人の手によって行われていました。

現場のオペレーションが「紙＋手作業」となれば、売上管理や販売管理をはじめとする会社の業務も手作業にならざるを得ません。

食券には、あらかじめ手書きで１から５００番台まで番号を記入しています。一日の営業が終わると、メニューごとに何番まで減っているかを数えます。例えばカレーライスの食券が94番から84番まで減っていたら、その日は10食売れたとわかります。これをすべてのメニューで一つひとつ確認し、電卓で売上を計算して、紙の台帳に手書きで記入。この作業をひたすらくり返しました。

食堂を経営する「有限会社ゑびや」は義父（妻の父親）が代表を務める家族経営の小

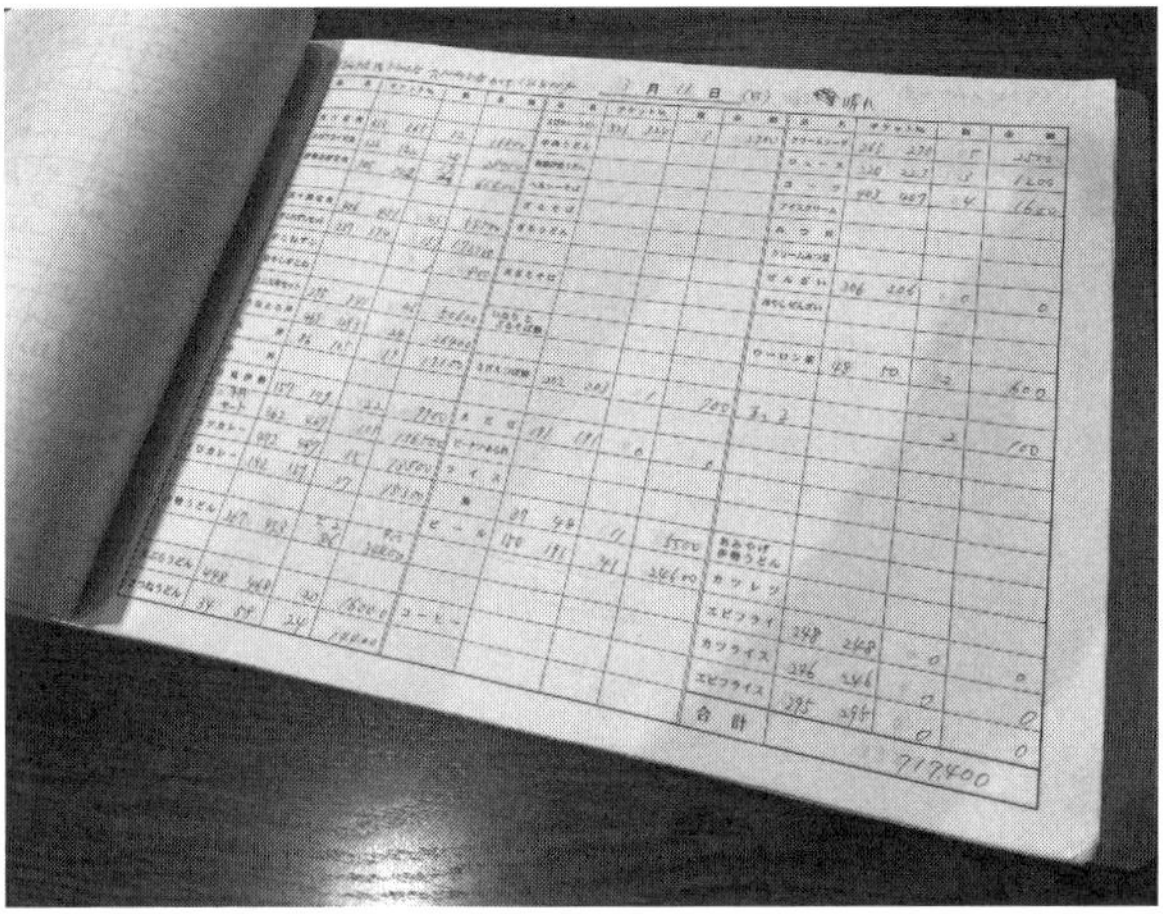

当時の台帳。営業終了後、間違いのないようにメニューひとつずつ数えて売上を計算して記載。

さな会社で、経理や会計の専門スタッフもいません。

義父と後継ぎとして入社した私の2人で毎日の売上を集計していました。

会社経営も店舗運営も昭和そのもの。

それが私の見た「ゑびや」の姿でした。

「ゑびや」が創業したのは大正元年（1912年）。以来、代々経営者がこの店を大事に守ってきました。それだけの価値と思いのこもったお店です。

だからこそ、人口減少やコスト増が続く厳しい環境に負けない強い経営を実現したい。

そのためには今の時代に合った経営へと転換する必要がある。
それが、昭和のままの食堂を目の当たりにしたときの率直な思いでした。

ソフトバンクを退職して継いだところ……

そもそもなぜ東京で会社勤めをしていた私が、地方の食堂経営を承継することになったのか。経緯を簡単にお話ししておきます。

私は「一介の商人として矜持《きょうじ》を持って生きていく」ことを大切にしています。自分で考え、工夫して、人々に喜ばれるものやサービスを提供する。その対価として、お金が手に入る。

それが純粋に面白いと、子どものころから感じていました。大学時代は完全歩合制のアルバイトを選び、自営業に近い感覚で仕事をしていました。

大学卒業後はソフトバンクに就職。「商売の天才」孫正義氏のもとで働いてみたいというシンプルな動機からです。人事や営業企画などに携わりましたが、「また自分で商売をしたい」という強い思いは持ち続けていました。

そんなときに「妻の実家が事業転換を検討している」という話が舞い込んできました。

食堂がある場所を、テナントを誘致する商業施設のような店舗にするというのです。おそらく先代社長である義父は「このままではいけない」と考えていたのでしょう。「ゑびや」をどう次世代に引き継ぐかを考えた結果、事業転換を検討するに至ったのだと思います。

実は結婚当初から、いずれ私が事業を継いでくれたらと義父が期待していることには気づいていました。後継ぎは妻本人か私しかいません。当時の私は飲食店の経営には興味がなく、それらしいことを義父に言われたときも、やんわり断っていました。

しかし、食堂の経営を縮小し、テナント業を中心とした業態に転換するのであれば、話は変わってきます。テナントの賃料として安定的に不動産収入を得られるのであれば、それを元手に新しい商売を始められるかもしれない。

そんな皮算用を描いた私は「だったら会社を継いでもいいかな」と考えたわけです。今思えば、なんとも調子のいい変わり身の早さです。

ところが、ソフトバンクを退職し、妻や子どもたちとともに伊勢の実家へ戻ってみると状況は変わっていました。

結論から言うと、テナント業への転換は頓挫してしまったのです。

背景にはさまざまな事情があったのですが、大きかったのは親族からの**『ゑびや』はこのまま残して欲しい」と望む声**でした。

昔から続くお店に思い入れがある身内が多かったのでしょう。

こうして私は思いがけず、地方で飲食店経営に取り組むことになったのです。

「地方・飲食店・中小企業」に伝えたいこと

幸いだったのは、私が根っからの商売人気質だったことです。自分で考えて何らかの価値を生み出し、その結果として稼ぐことに楽しさを見出すタイプの人間です。

そんな人間が、たまたま縁あって先代から事業経営を託される立場になった。ならばこの機会に商売というものを突き詰めてみたいと考えました。

正直に言えば、事業転換の話が立ち消えになった後、東京に戻って起業を目指そうかと迷った時期もあります。

そんな私が伊勢に腰を据える決心をしたのは、**「地方の中小企業はまだまだ成長できることを証明したい」**という思いからでした。

折しも国が「地方創生」を重要政策として打ち出した時期で、世間でも「地域活性化」や「地域おこし」といった言葉に注目が集まっていました。

一方、テレビや新聞では、地方が抱えるさまざまな課題を論じる報道が増えていました。

これから地方は人口減少が加速し、マーケットも縮小していく。しかも日本の中小企業は生産性が低く、大企業が少ない地方経済は成長に期待できない。だから地方の衰退を食い止めるのは難しい。

そんな悲観的な論調がほとんどでした。


おまけに飲食業はもっとも生き残りが難しい業種と言われます。

開業から3年以内の廃業率は70%、10年で90%が姿を消すと言われています。

地方の中小企業、かつ飲食業の「ゑびや」は、三重苦を負っているようなもの。はたから見れば、事業の成長なんてとても無理だとしか思えないでしょう。


でも本当にそうでしょうか。

世の中の常識や主流とされる意見ほど、「そうなのか?」と疑いたくなります。

本当に地方の中小企業は成長できないのか？

本当に飲食業は儲からないのか？

それらの答えを「NO」だと証明できたら面白いと思ったのです。


当時の私はまだ三十歳の手前。

若い世代が儲かる商売を実現できれば、同じように地方でがんばっている**中小企業や店舗の経営者に希望を届けられる**のではないか。

そんな思いから「伊勢という場所で、できることをとことんやってみよう」と腹をくくりました。

「隣の人気店のせいで入口をふさがれる」ことが嬉しい

だからといって勢いで経営を継ごうと決めたのではありません。

商売人の視点では、「ゑびや」には大きな可能性がありました。

それは、**立地**です。

「ゑびや」があるのは、「おはらい町」と呼ばれる場所で伊勢神宮の門前から続く通りにあります。伊勢神宮は皇大《こうたい》神宮（内宮）と豊受《とようけ》大神宮（外宮）を中心とした二つのエリアに分かれ、「ゑびや」は内宮に立地します。


市の観光統計を調べてみると伊勢神宮の参拝者数は、私が伊勢に来た２０１２年当時で年間約８００万人。内宮だけで**年間５６０万人**もの参拝客が訪れます。

20年に一度の式年遷宮が行われた２０１３年には、年間の参拝者数が１４００万人に上りました。

これだけの人通りがある場所はめったにありません。

ちなみに、沖縄県全域の年間観光客数は過去最多の年で約１０００万人です。

伊勢神宮エリアにはとてつもないポテンシャルを秘めていると言えます。

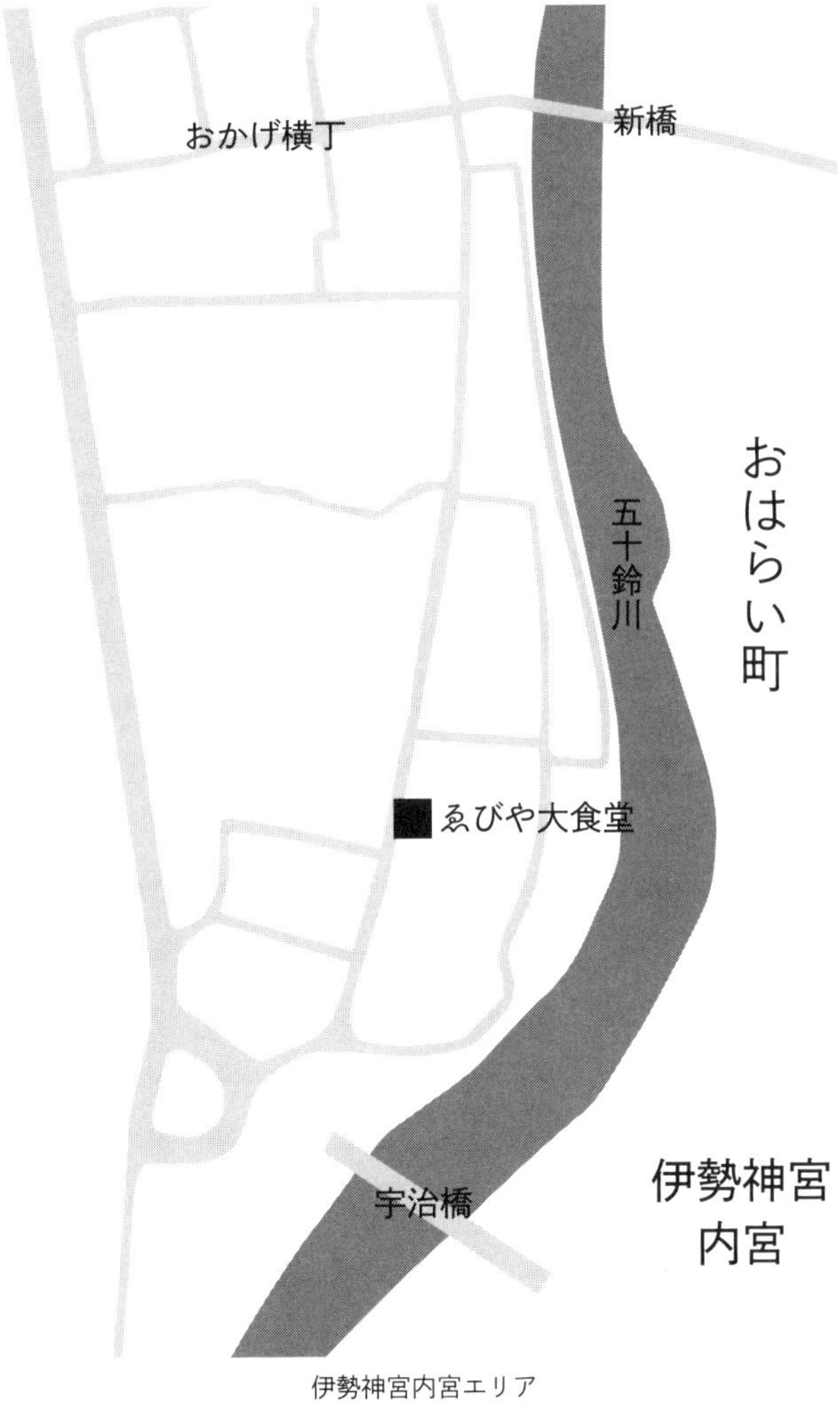

伊勢神宮内宮エリア

加えて、私には確信がありました。

それは「ゑびや」が昭和から変わっていないからこそ、**新しい手法や知恵を取り入れれば、必ず現状を変えられる**ということです。

そう考えたのは、毎日のようにある光景を目にしていたからでした。

「ゑびや」の前には、よく行列ができました。

ただし、私たちの店に入るための行列ではありません。隣の人気店に並ぶ人たちの列が長く延びて、「ゑびや」の入口をふさいでいたのです。

隣の店は繁盛していて、うちの店は繁盛していない。

同じエリアに大勢を集客できる店があるなら、立地の優位性があるのは間違いない。

それにもかかわらず、今までお客が入らなかったのであれば、従来のやり方を変えればいいだけのことです。

時代の変化に合わせて、「見せ方を変える」「ツールを変える」「マインドを変える」といった変革に挑み、シンプルに「時代の潮流を読む力」と「実践する行動力」を発揮すればまだまだ勝機はある。

そう思い、可能性を秘めた場所でチャレンジする価値があると信じて、やれるところまでやろうと決めたのです。

どの商売も抱える、3つの課題

では、どう経営を変革していくか。

さまざまな課題を解決しなければなりませんが、同時に「儲かる商売」を実現していく必要もありました。

儲かるとは、すなわち利益を増やすことです。

簡単に言えば「売上－原価（コスト）＝利益」なので、**売上を増やし、コストを減らせば儲けは増えます**。

「有限会社ゑびや」の2012年の売上は、1億円弱でした。地方の小さな食堂とし

儲かるとは

売上－原価＝利益

売上を増やす。コストを減らす。
すると、必ず利益は増える。

ては十分だと思われるかもしれませんが、コストについては改善の余地がありました。

―課題1― 現場の回転率と人件費

当時の従業員数は常勤の社員とパート・アルバイトを合わせて42名。しかし、回転率に問題がありました。

人通りの多い場所にあるため、当時でも年間10万人の来客がありました。

特にランチタイムや団体ツアー客が到着した直後などは続々とお客様が入ります。

すると、料理の提供が追いつかず、テーブルについたお客様を30分以上待たせてしまうこともありました。

また、予想以上の来客があると営業時間中にご飯がなくなることもあったのです。

すると、お米が炊き上がるまで一時営業を停止。

逆に想定よりお客様が少ない日は、仕込んだ食材や料理が余ってしまうことも。

こうした**機会損失や廃棄ロスもコストを押し上げる**要因となります。


現場が回らないのは決して働き手の意欲や能力の問題ではありません。

従業員（メンバー）は一生懸命に働いてくれていました。

ですが、手切りの食券とそろばんが象徴するように、**オペレーションを人の手に頼っており、現場を回すにはある程度の人数が必要**になっていました。

よって、売上の規模に対して人件費が膨らみがちだったのです。

飲食業ならどこも同じような課題を抱えているはずです。

―課題2― 客単価

利益を増やすには、売上をさらに伸ばす必要があります。

そのために取り組まなければいけないのが**付加価値向上**です。
より多くのお客様に売る。
より高く売れる商品やサービスを提供する。
すると、相乗効果で売上を大きく伸ばせます。

当時の「ゑびや」の客単価は850円でした。**工夫次第でもっと価格を上げられる**可能性が十分にあります。

ところが、食べログやグーグルなどの口コミを見ると、店の評価は良いとは言えませんでした。当時の食べログの評価は2・86。星が3を下回るのは、かなり厳しい評価であると捉えなければいけません。

その理由を知りたくて、来店したお客様にアンケートをとったり、ときには直接声をかけて感想を聞いてまわりました。

今でも強烈に覚えているのは、「なぜうちに来店いただいたのですか」という質問に、「ここしか空いてなかったから」と言われたことです。他の店は満席で入れないから、仕方なく空いているこの店に来た。そうはっきり言われてショックを受けました。

同時になんとしても喜んでいただける商品やサービスを開発しようと決意を新たにしました。

課題3 作業量と時間

ところが「コスト削減」「客単価を上げる」以前の問題に直面していました。
それは**やることが多すぎて時間がない**という問題です。
前述の通り、経営もアナログな手法で行われていました。
他にもざっと挙げるだけで次のような作業が常態化していました。

◆売上は紙の台帳に手書きで記帳し、食材や備品などの納入物も紙の伝票で管理
◆開店営業前から店に入り、その日の伝票をチェック
◆営業終了後、メンバーが在庫数を記入したホワイトボードを確認。
取引先に電話やFAXで翌日の納入分を発注
◆勤怠管理は、タイムカードの記録を見ながら電卓で就業時間数を計算

◆給料日にはメンバーに一人ずつ、名前を手書きした封筒に現金を入れて手渡し
◆経費等の会計システムへの入力
◆従業員の入退社手続き（保険なども）
◆地域や組合などの会合に参加

商売をされている人にはわかると思いますが、作業そのものが多い。その上、それぞれ手間がかかるため、一日があっという間に終わります。いつの間にか一週間が過ぎ、気がつくと月末を迎えている……。そのくり返しです。

課題を打破する3つの解決法

中小企業や家族経営の会社では、経営者が現場の業務まで担っているケースは少なくないでしょう。

しかし、**経営者の本来の役割は、経営方針や成長戦略といった大きな絵を描き、その実現に向けて自ら率先して新しい取り組みにチャレンジすること**です。

よってまずやるべきなのは、時間の余裕をつくることでした。

というより毎日が大変すぎて「とにかく面倒な作業を減らして、経営を楽にしたい」というのが本音でした。

では、どうすればもっと時間の余裕をつくれるのか。

解決法1　省力化

作業を減らすには、例えば会計や管理業務を担当する人材を雇う選択肢もあるでしょう。

しかし、日本の生産年齢人口が減少するなか、「人を増やせばなんとかなる」という思考から脱却する必要があります。

そもそも人を雇えばコストが増えて、ますます利益は縮小します。

となると、残る選択肢は「**経営や現場の業務を省力化**」するしかありません。

さらに同時に、実現したいことがありました。

それは、「**仕事の属人化をなくす**」こと。

売上や在庫管理、発注などの業務が特定の担当者でないと回らない。そんな状態をなくす仕組みをつくることです。

ではどうやって実現するか。

幸い**今の時代は、誰もがデジタルやITなどの技術を活用できます**。

残念ながら私にはテクノロジーの専門知識やスキルがありませんでした。前職はソフトバンクでしたが、ITスキルは一般のサラリーマンと同様、エクセルを多少触れる程度でした。

とはいえ**省力化のノウハウや知識を得たいなら、本やSNS、YouTube、今ではAIに聞くなど、参考になることが世の中にあふれています**。できることから試していけば、少しずつ効率性を向上していけるだろうと前向きに考えました。

解決法2 現状把握

客数や売上を増やすには、市場と顧客を知ることが出発点になります。特に飲食店や小売店などの店舗ビジネスは、場所によって客層が大きく変わります。その市場に集まる人たちの「属性」「嗜好性」「行動パターン」などを把握しなければ、ターゲットが好む商品やサービスは開発できません。

時代や環境が変われば、客層が変化することもあります。

いかに市場や顧客を正しく把握できるか、変化にいち早く気づいて対応できるかが問われます。

とはいえ、お客様に直接声をかけて感想を聞くだけでは、情報量が少なすぎます。より幅広く「現状を客観的に捉えるデータ」と、それを「継続的に収集・分析する仕組み」が必要でした。

最初から具体的な策があったわけではありませんが、こちらも技術革新が進んでいるのだから、使えるツールや手法を探していけばいいと考えていました。

―解決法3― 場所依存からの脱却

立地の良さに可能性を感じた話と矛盾するように思われるかもしれませんが、場所に依存していると大きなリスクを負うことになります。

私が伊勢に来た前年には東日本大震災がありました。

日本全国で災害に対する警戒感が高まるなか、「もし、南海トラフ巨大地震が発生したら、この場所で事業を継続できなくなる」と危機意識を強めました。

そのときが来るのは明日かもしれないし、5年後かもしれないし、10年後かもしれない。それは誰にもわかりません。

ただ一つだけわかっているのは、何も備えをしなければ、いずれ事業を続けられなくなることです。

また、地方は都市部より速く人口減少が進み、マーケットの縮小と労働力の減少によって、経営環境が厳しさを増すことは明らかです。

会社を守るには、場所に依存したビジネスモデルからの脱却が必須だと考えました。

そこで早い段階から「事業の多角化」を視野に入れていました。**場所に縛られない事業を立ち上げることでリスクを分散できる**からです。加えて、**メンバーに新しい仕事をつくる**ことも大きな目的でした。

業務を省力化し、現場を少ない人数で回せるようになれば余裕が生まれます。余裕ができたら成長を見込める市場に参入し、売上を伸ばして生産性を高めていけます。海外企業の場合は、業務の効率化を達成したら従業員を減らして経営のスリム化を図るのがセオリーです。

私はそんなことはしたくありませんし、生産年齢人口が減っていくなかで、働く場所として私たちの会社や店を選んでくれた貴重な人材を大事にしたいと思っています。そのためにも新事業をつくることが、会社とメンバーを守る最善の策だと考えました。

課題を打破する解決法を3つ紹介しました。

これらは次のような戦略になっていきます。

◆省力化　↓　デジタル化（主に2章で詳述）
◆現状把握　↓　データ分析（主に3章で詳述）
◆場所依存からの脱却　↓　多事業化（主に5章で詳述）

これらの解決法が「はじめに」で紹介した「生産性の方程式」へと集約されたのです。

もちろん12年前の時点でここまで明確に戦略を描けていたわけではありません。当時はとにかく今できることを一つひとつ必死にやっていただけです。それでもたどってきたプロセスを振り返ると、まさに生産性の方程式を実現するために全力で走ってきたのだと言えます。

人・モノ・金・時間がないとき、どうするか

何をするにも先立つものがなければ進められません。

「このままではいけない」「現状を変えなくては」と危機感を抱いても、「資金がないから」「人材がいないから」といった理由であきらめてしまうケースも多いのではないでしょうか。

ですが、人・モノ・金・時間のすべてにおいてリソースが限られるのは世の常です。

それを理由にしていたら、再生も成長もできないことになってしまいます。

「資金がないから……」ではなく、**「資金を稼ぐことから始めよう」「資金がなくても自分たちでできることをしよう」と考える**ことから始めます。

その例を3つご紹介します。

ＰＯＳレジを買うために考案した商品が地元の名物に

紙の台帳から脱却して面倒な作業を減らすため、ＰＯＳレジを購入したかったのですが、当時はその資金すらありませんでした。

どうすればいいかと考え、まずは軍資金を稼ごうと知恵を絞りました。

そこで思いついたのが、食堂の前に屋台を出して「あわび串」を売ることです。

なぜかというと、お客様のアンケートで「伊勢名物のあわびを食べたい」という要望が多かったからです。

とはいえ地元産のあわびは高級食材。客単価８５０円の食堂で高価格帯のメニューを出しても売れるとは思えません。

また、高いお金を使って仕入れる余力もありません。

何か手はないかと業者を回って相談しました。

すると、味付きの冷凍蒸しあわびを安価で扱っている会社が見つかりました。

国産ではなく外国産を使っているから安いのですが、そこに商機を見出したのです。

なぜ商機があるのか。

商売で大事なのは「なぜお客様はお金を払うのか」を考えることです。

人がお金を払って消費する動機は、次の3つのいずれかです。

◆自分が知っているもの
◆他人に勧められたもの
◆憧れているもの

あわびをあてはめてみましょう。

「名前がよく知られた食材」であり、「伊勢に行ったら勧められる」ことも多い。なおかつ「高級なので実際に食べた経験がない」(＝憧れている)ため、条件に合致します。

さらに、手が届きやすい価格であわびを販売すれば、「この値段なら食べてみたい」となるのではないか。

あわび串を売る屋台（2012年当時）。

地元産ではなくても「伊勢であわびを食べる」という体験をお客様は喜んでくれると考えました。

そこであわびを串に刺し、観光しながら手軽に食べ歩きできる商品として、一本600円で販売しました。

これが一日に100本から200本も売れる大ヒット商品になりました。

観光客が増えるゴールデンウィークには一日に1500本売れたこともあります。

しかも、屋台に置いた蒸し器で温めるだけなので調理の手間はなし。

アルバイト一人だけでお店を回せるのでコストもかかりません。

さらに屋台のカウンターは地元の大工さんに安く造ってもらいました。

その結果、最終的に一年間で2500万円ほどを売り上げました。

そうして念願のPOSレジを購入することができたのです。

「あわび串」は現在も伊勢名物の食べ歩き商品として親しまれています。

素人ながらメニュー看板を自作

お金がないうちは自分で料理を撮影し、メニュー看板を手作りしていました。

プロのカメラマンに依頼できないので自分で撮影し、ホームセンターでカットしてもらった板に写真を貼り付けて、メニュー看板を作っていたのです。

それも和風にしたり、カフェ風に飾ってみたり、さらには他店を参考に黒板に手書きした文字と一緒に写真を飾ってみたりと、思いつくことはなんでも試しました。

素人なりに試行錯誤していくと、次第に撮影の腕前も上がるものです。

一年が経つころには写真もプロ並みになっていきました。

自作ながらも、メンバーとわいわいと作っていましたが、「いかに楽しむか」を意識することも大事です。

流通プロセスを見直して、おいしさを追究

経営を継いだばかりの私は「来店するお客様を一人でも増やしたい」と焦っていました。しかし、こちらも手探りの状況からスタートし、試行錯誤しながら進めていくしかありません。

当時の課題は「なぜ他店に行列ができて、自分の店にできないのか」。

手始めに着手したのが、店頭のディスプレイを変えることです。

単純に「メニューの見せ方に問題があるのではないか」と思ったからです。

前述のようにまずは日焼けした食品サンプルを撤去し、メニュー看板に替えました。

（上）店頭のディスプレイを食品サンプルから写真に変更（2012年）。
（下）だんだん上達し、手描きでつくれるようにもなった。

これで本当に効果があるかどうかもわからない。

しかし、そのときはこれくらいしかできることがなかったのです。

同時にメニューそのものの見直しにも取り掛かりました。

私は料理を残されたお客様に、ヒアリングをして回りました。

「本当はどんなメニューが食べたいか」と。

お客様からさまざまな返答をいただきましたが、ひと言でまとめるなら「おいしいものが食べたい」に尽きます。


では「おいしい」とは何か。

それは**「素材が良い」「鮮度が良い」の2点に集約される**。

これが私の結論です。

「ゑびや」で提供するのはシンプルな和食が中心です。刺身にしろ、焼き物にしろ、とびきり新鮮で質の良い魚介や肉を使えばおいしくなるはずです。


そこで、新たな流通網をいちから構築しようと決意しました。

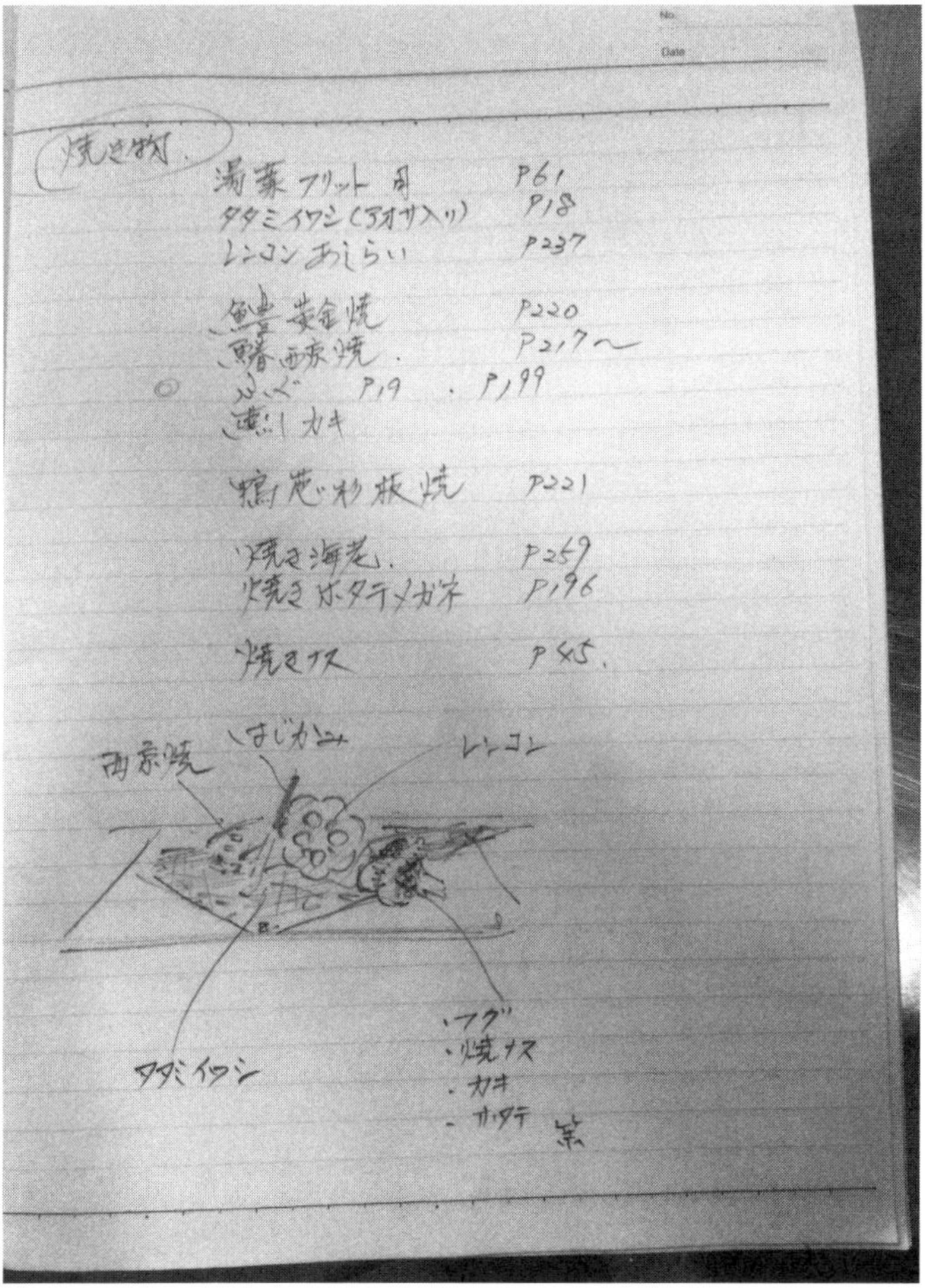

メニューを考案していたときの当時のノート。

「原材料の仕入れ先」から「食材の保存方法」まで、素材の調達に関するすべてを見直したのです。

新鮮な食材を生産者からダイレクトに仕入れ、鮮度を保ったまま保存・配送する仕組みをつくることができれば、おいしい料理をお客様に提供できます。

そこで、三重県内の漁業者を訪ねて回り、直接取引してもらえるよう交渉を重ねました。

併行して物流に関する最新技術のリサーチを開始。

すると、新鮮なまま保存・配送できる「ナノアイス」と呼ばれる特殊な氷があることを突き止めます。

ナノアイスを研究している三重大学、そして県内事業者や水産関係者に協力を仰ぎ、三重県のとある漁港の水産業者とタッグを組んでこの物流網に挑戦しました。

そしてついに、２０１４年、新鮮で質の高い地元産食材を確保する仕組みを確立したのです。

「ゑびや」では伊勢海老や真鯛など、地のものを使ったメニューが増え、この地域の食堂ならではの特色を出せるようになりました。

お金や専門スキルがなくても**「現状を変えるために今できること」**はあるはずです。

私は「この食堂を改革してやろう」などと鼻息荒く取り組んだわけではなく、当時は会社や事業が生き残れるように毎日が必死でした。

どんなに小さな一歩でも、前に進めるならやってみる。

このマインドセットこそが会社を変える最大の推進力になります。

2章

「あらゆる業務を自動化」
&
「未来予測で効率化」

気温、降水量、観光客数……、ひたすらデータを集める理由

私の挑戦は「面倒くさい仕事をなくす」からスタートしました。

紙の台帳と手書きによる売上管理は非効率だったので、早々にエクセルによる管理に切り替えました。ただし食券の番号を確認し、エクセルに入力する手間は残ります。そこで前述の通り、屋台で稼いだ資金で２０１４年にようやくＰＯＳレジを購入。商品ごとの売上を記録・集計できるようになりました。

しかし、このレジは機能が限定されていました。

てっきりＰＯＳレジに記録されたデータはパソコンに取り込めるものと思い込んでいたのですが、購入した機種は専用のシステムを別途契約しなければ外部へのデータ移管ができず、しかもデータは３カ月間しか保存されないタイプでした。

ＰＯＳレジを買うのもやっとだったのに、システムまで契約する余裕はありません。

店の営業終了後に一日分の売上データを記録した紙を印刷し、商品ごとの販売数をエクセルに入力する日々が続きました。

これでは食券を数えていた時期とほとんど変わりません。

ひたすらデータの手入力が続くことになります。


一方で、レジに記録される売上や商品販売数以外のデータも集め始めました。

例えば、「気温」や「降水量」などの気象データ。

食べログやグーグルなどの「アクセス数」。

伊勢周辺の「観光客数」などです。


データ収集を始めた動機はシンプルです。

儲かっていない要因を知りたかったからです。

商いをするマーケットとお客様の動向を把握するには、より幅広くデータを収集することが必要でした。

どんな商売においても外部要因の影響を受けます。

飲食業であれば、グルメサイトや口コミサイトのアクセス数と、お店の来客数に相関関係がありそうなことは容易に想像がつきます。

あるいは、地元を訪れる観光客数の増減も影響がありそうだと見当がつきます。

こうした外部のデータを集め、さらにPOSレジに記録された売上や客数、メニューごとの販売数とひも付ければ見えてくるものがあるはず。

どのような要因と関係があるかを把握することは商売において非常に重要です。

今はインターネットを駆使すれば、ありとあらゆるデータにアクセスできます。

私は自分の事業と関係がありそうなデータを思いつく限り集めて、エクセルにポチポチと入力していきました。

高度な知識なしで、データ収集を自動化

その後も私は引き続き屋台販売で資金を貯め続けました。

そして、念願の新しい機種のPOSレジに買い換えました。

売上データをCSVファイルで一括ダウンロードできるものです。

さらに、来店客の性別や年齢などの「属性」を入力できたり、何時台に何人の来客があったかを集計できたりと記録できるデータの種類も増えました。

CSVデータはエクセルに取り込めるので、売上管理はかなり楽になりました。


一方で、それ以外のデータ収集と入力作業は相変わらず手間がかかります。

正確な天候や気温を確認するための気象庁のホームページを開く。

アクセス数を見るために食べログにログインする。

自治体の観光統計のサイトから資料を探してデータを探す……。一つひとつの情報にアクセスするのも面倒ですし、それを手入力でいちいちエクセルに転記するのも面倒です。

これではらちが明かないと思い、自分なりにプログラミングやITツールについてあれこれ調べました。

すると、RPA（ロボティック・プロセス・オートメーション）という仕組みを使えば、自分たちが手動で行っている各種データの入力作業を自動化できるらしいことがわかりました。RPAとは人間がパソコン上で行っている定型作業を自動化するシステムのこと。そんな便利なものがあるなら、使わない手はありません。

しかしながら私にRPAのプログラムを組むスキルはなく、社内にも技術系の人材はいません。

どうすればいいか――。

自分たちでできないなら、できる人に頼めばいいのです。

大がかりなシステム開発をするわけではないので、技術者が一人いれば十分なはずです。そこでクラウドソーシングサービスの「ランサーズ」を通じて、依頼を受けてくれるフリーランスのエンジニアを探すことにしました。

専門の知識がないと、依頼するのは難しいのではないか。

そう思うかもしれませんが、そんなことはありません。

このとき、投稿した依頼内容は次ページのようなものです。

見ればわかる通り、**難しい専門用語は一切使わず、作業負担を減らすためのツールを開発して欲しいことを簡潔に伝えただけ**です。

その後のやりとりでは、より詳細な要望や提案を追加で伝えましたが、あくまで「自動化ツールによって会社の業務をどう楽にしたいのか」を説明したまでです。発注者側である私に高度な専門知識は不要でした。

予算は「5万円~10万円」としました。ＰＯＳレジを買うよりずっと低価格です。

それでも条件に合うエンジニアが見つかり、希望の予算でＲＰＡプログラムによる

メール作成

差出人：

宛　先：　CC BCC

件　名：

店舗での集計作業の削減に伴い、集計業務の自動化ツールの制作をお願いします。下記、2点を満たすシステムを開発してください。

・エクセルフォーマットに情報を入力

POSレジやウェブサイト（ウェブ広告のアクセス数、観光プラットフォーム、気象庁の気温データなど）からのCSVデータ貼り付け、コピー＆ペーストが主な作業になります。

・データは所定のフォルダに格納

その他ご不明な点がありましたらお気軽にご質問ください。

送信

自動化ツールを開発することができました。

これにより、各種ウェブサイトからデータをエクセルへ読み込めるようになり、ようやく日々の入力作業から解放されたのです。

…ところが課題は残されていました。

「属人化」という深刻な問題

その課題とは、RPAプログラムの修正作業が頻繁に発生したことです。

情報の収集先であるウェブサイトに仕様変更があると、データを取得する場所も変わる。すると、自動化ツールを動かすプログラムも書き換える必要があります。

例えば、「食べログ」が画面やページ構成を更新したら、その都度エンジニアに依頼し、新たにプログラムを組んでもらわなくてはいけないのです。

その結果、制作するRPAはバージョン1・0、2・0、5・0……と、どんどん増えていきました。発注作業の頻度が上がれば、それだけ手間がかかります。

せっかく入力作業の負担をなくしたのに新たな作業が増えたら意味がありません。

加えてもう一つ、深刻に感じた問題があります。

それは、仕事が属人化しつつあることです。

プログラムの修正は、最初にRPAの自動化ツールを開発してくれたエンジニアに継続的に依頼していました。

つまり、私たちの会社のプログラムやコードがわかる人間は、この方しかいない状況になっていたのです。

私も独学でプログラミングやITシステムに関する知識を必死に勉強していましたが、本職のエンジニアに代われるほどのスキルではありません。

もしこのエンジニアが依頼を受けてくれなくなったり、何らかの事情で仕事ができない状況になったりしたら、その役割を引き継げる人はいません。

それはエクセルに手入力していた時代から、**コツコツと積み上げてきたデータベースが無駄になる**ことを意味します。それだけはなんとしても回避しなければなりません。

実はその後、仕事を依頼していたエンジニアは不幸にもお亡くなりになっています。当時、抱いた懸念が残念ながら的中してしまったわけですが、こうしたことが現実に起こり得るのです。

属人化された仕事があるのは、組織にとっていかにリスクがあるかわかるでしょう。

属人化の課題はもうひとつ。

それはエクセル管理が私に依存していることです。

データを収集し、入力する作業は自動化できたものの、転記した数字は私がエクセルで管理し、マクロで集計や簡単な分析を行っていました。

そのころにはもう一人の若手社員がデータ入力や売上管理を手伝ってくれていましたが、マクロの設定や使われている関数は私にしかわからなくなっていたのです。

紙の台帳からエクセルへと切り替えたのは、**時間の余裕を作るためでしたが、そのエクセル管理が属人化したのでは本末転倒**です。

しかも、そのころには集めるデータが膨大になっていました。

収集したデータはトータルで400項目にのぼり、他の人が見ても何が何やらわからない「マクロのお化け」と化していたのです。

データを膨大に集めてわかった新事実

データが増えること自体は問題ではありません。

思いつく項目は一通り調べてみなければ、何が事業に影響する要因になっているのかを正しく把握できないからです。

気象データとひと口に言っても、「最低気温」「最高気温」「風速」「降水量」と細かい項目に分解できます。

それぞれの関係を調べなければ、売上や客数に影響するのが「気温」か、「風の強さ」か、あるいは「雨量」なのかを知ることはできません。

あるとき、「観光客の宿泊場所による違い」でデータを取ってみたことがあります。

すると、面白い傾向が見えてきました。

例えば地域別宿泊者数のデータをもとに、伊勢神宮に近い「伊勢市」「志摩市」「鳥羽市」に分けて、日次の宿泊者数を集計したときのことです。

伊勢市と鳥羽市の宿泊者数と「ゑびや」の客数にはさほど相関はありませんでした。

ですが、**志摩市の宿泊者数との間には強い相関が見られた**のです。

その理由については志摩市の宿泊者は遠い場所から来ている観光客が中心で、比較的単価の高いホテルや宿が多いので、お金を比較的多く使える層と「ゑびや」の顧客の相関があったと考えられます。

こうした傾向もデータを集めてみなければわからなかったでしょう。

とはいえ、このままではエクセル管理の仕事を誰かに引き継ぐこともできず、私は延々とエクセルを操作し続けなくてはいけません。

面倒な作業と属人化を克服するため、次なる手を打つ必要に迫られました。

面倒な手入力作業の救世主となったあるもの

この時点で実現したかったのは主に次の2点です。

◆情報の取得先であるウェブサイトの仕様変更があっても、指定したデータを自動的、かつ継続的に取得できること
◆取得した情報をエクセル入力に頼らない方法で管理・分析できる、独自のデータベースをつくること

そこで救世主となったのが、パブリッククラウドの登場でした。

パブリッククラウドとは、インターネット上で提供されるオープンなクラウドコンピューティングサービスのことです。

皆さんも「Microsoft Azure（以下、Azure）」「Amazon Web Services（AWS）」「Google Cloud」などの名称を見聞きしたことがあるのではないでしょうか。これらは代表的なパブリッククラウドの種類です。

クラウドとは、サービス事業者が提供するシステム環境やソフトウエア、データベースなどをインターネット経由で利用できる仕組みで、利用者は自前でリソースを用意する必要がなく、低コストかつ技術的にも容易にシステムを構築・運用することが可能となりました。これを特定の企業や組織だけでなく、**誰でも使えるようにしたのがパブリッククラウド**です。

私が独自のデータベースを構築できないかと模索していたころは、日本国内でパブリッククラウドサービスが普及し始めたタイミングでした。

なかでも当時注目を集めていたのが、神奈川県の鶴巻温泉にある老舗旅館「元湯陣屋」の事例です。陣屋はパブリッククラウドを活用し、データにもとづく売上や予約管理システムを構築。デジタル化を推進し、廃業寸前の赤字経営を立て直していました。

それを知り、同じく地方でサービス業を営む私も着目したのです。

情報を集め、サービス提供事業者が開催するワークショップなどに参加して勉強するうちに、これこそが私たちの抱える課題を解決する仕組みだと確信しました。

特に興味を惹かれたのが、このサービスにはあらかじめ機械学習の機能が備わっていることです。機械学習はＡＩ（人工知能）を支える技術の一つで、通常ならＡＩ開発には専用の言語を用いたプログラミングが必要です。

それに対し、例えば「Azure」の場合、プログラミングは不要。簡単なドラッグ＆ドロップの操作だけで機械学習モデルを作成できます。

これにより、**データの読み込みから蓄積、分析、結果の可視化までを自動化し、かつ機械学習による高度な分析が可能**となります。

つまり、データの収集・管理が自動化される。専門スキルの有無を問わず、誰もがシステムを構築・運用できる。しかも、エクセルのマクロ分析よりずっと確度の高いデータ分析が可能になるわけです。

目指してきた「データ管理の省力化」「属人化の回避」が可能になりました。

加えて、もう一つの可能性が見えてきます。

それは「来客予測システム」の構築です。

なぜ、来客予測をするのか。

これも「省力化」と「属人化の排除」が目的でした。

勘と経験による予測と、データにもとづく予測の違い

もともと「予測」という行為は、どの企業や事業者でも行っています。

過去の売上や客数の実績を見て、次のようにざっくりとした傾向や時期による変動

は見通しているはずです。


「去年の上半期よりも、今年は客足が好調だから10％増くらいになるかな」

「毎年6月は客数が少なくて暇だから、この時期に店舗の改装工事をするか」

「暑くなると冷たい麺がよく売れるから、多めに仕込んでおこう」


問題はその予測を誰がしているかです。

社長や店長が単独で行っているケースもあれば、飲食店なら調理責任者が予測をしているかもしれません。

いずれにせよ、予測という仕事は属人化しやすいと言えます。


特定の人物が予測を続けることで、次第にその人の感覚値や思考のクセが入り込むようになります。客観的な裏づけや根拠がなくても「自分の経験から考えるとこうなるだろう」という理由で判断してしまう。

これがいわゆる「勘と経験」による経営です。

その予測が正しいかどうかもわからないし、独自の基準で判断を続ける限り、予測の精度が上がる見込みはありません。


かつての「ゑびや」は想定よりも多い来客に対応しきれず、料理を提供するまでお客様を長時間待たせたり、営業中にご飯や食材を切らしたりすることがありました。逆に想定よりも来客が少なく、仕込んだ料理や食材が余ってしまい、大量の廃棄ロスが発生することもしばしばありました。

これも勘と経験に頼っていたことが要因です。


だったら予測を人間がやる必要はないんじゃないか。

そんな考えを抱いたことが、来客予測システムの開発に至る原点になりました。

特定の人間の思考や感覚に依存するのではなく、決まったルールにもとづいて予測する仕組みを作ることが重要だと考えたのです。

そこで、過去の売上や客数、商品別販売数などの「内部データ」と、天候や観光統計などの「外部データ」をもとに独自のアルゴリズムで分析することにしました。

すると、翌日や一週間後、一カ月後の来客数を高い精度で予測できるはずです。

こうしてAzureを活用し、機械学習による「来客予測システム」の構築に本格的に着手しました。

エクセル分析から機械学習による予測へ

そもそもなぜ、未来を予測するのに過去のデータが必要なのか。

気温や降水量、口コミサイトのアクセス数や観光客数など、過去の数字は誰が見ても変わることがない客観的事実です。

これらの**数字を事業に直結する売上や客数、販売数と照らし合わせれば、相関関係があるかないか、どの数字が売上や客数への影響度が高いかがつかめます**。

例えば次のような関係が明らかになれば、過去のデータをもとに予測できるようになります。

「気温が1度上がると、冷やしうどんの販売数が20食増える」
「食べログのアクセス数が1000件増えると、翌日の来客数は30人増える」

すると「今日は冷やしうどんが何食売れるか」「今日の来客数は何人か」が見えてきます。

相関関係の有無は「相関分析」という手法で分析できます。

また、相関関係のうち、二つの数字が因果関係（二つの変数が「原因」と「結果」の関係にあること）にあるかどうかは「回帰分析」という手法で分析できます。

いずれもエクセルでも分析が可能です。

そこで、私なりにエクセル分析によるデータベースを作っていたのです。

「過去のデータと数式にもとづいて予測値を出す」というルールを決めたことで、勘と経験からの脱却は少しずつ進んでいました。

ところが前述の通り、収集するデータ項目が膨大になると、エクセルでの分析作業は手間がかかり、さらに予測の精度もエクセルでは限界がありました。

いくら数字をもとに分析するといっても、あくまで予測ですから外れることがあるのは織り込み済みです。

しかし、ズレが大きいほど無駄が増えます。

無駄を減らすには、ズレをできるだけ小さくする必要がありました。

この難題を解決してくれるツールが、機械学習の機能を備えたパブリッククラウドだったというわけです。

Azureを活用して構築した来客予測は、仕組みとしてはシンプルです。

◆各種ウェブサイトから自動的にデータを集める
◆ソフトウエア同士の情報をやり取りできる仕組みを通じて、ＰＯＳレジの売上・販売データなどを収集
◆機械学習によって予測した結果を図表やグラフ化して表示

パブリッククラウドを使えば、エンジニアやAIの専門家でなくても、自力でこれだけのシステムを構築できます。

こうして2018年には、独自の来客予測システムが完成しました。

POSレジのデータと連動しているので、来客数だけでなく、売上予測やメニューごとの販売予測もできます。

なお、店頭にセンサーカメラを設置し、周辺の通行人数や来店者数、入店者の特徴や属性などのデータも取得して、同じデータベースに取り込んで分析を行っています。

この画像解析データについては3章で詳述します。

来客予測、驚異の平均95%的中

「ゑびや」では来客数や販売数を期間別に予測しています。

期間によって活用の目的が変わるからです。

―来客予測―**年間別**

この先一年間の売上や客数の予測にもとづき、年間の事業計画を立てることができる。年間を通して適切に予算や人員を配分したり、さらに売上を増やす新たな事業展開を検討したりする材料にもなる。

―来客予測―**45日別**

一カ月半単位の予測はメンバーのシフト作成に活用できる。時期によって来客がどれくらいあるかを把握することで、スタッフをいつ、何人、配置すれば適正に現場を運営できるかわかる。

―来客予測―**週間別**

一週間先の予測ができればリソース配分の調整に役立つ。

一カ月半先の予測にもとづいてシフトを組んだものの、「今週は当初の想定より客数が多くなりそうだ」ということもある。

こうした直近の変動に応じてシフトに入る予定がなかった従業員に出勤できないか相談したり、どうしても人手が足りないときは、数時間から一日単位の短期で雇用できるスポットバイトと呼ばれる人材で補充したりする。

―来客予測―**デイリー別**

一日単位の予測は、食材の仕入れや料理の仕込みをする際の数量の目安になる。予想される客数や販売数に合わせて食材を発注したり、営業前の準備段階でどのメニューを何食分用意するかを決められたりする。

―来客予測―**時間帯別**

何時台に何人の来客があるかを予測することで、客数が増える時間帯は客席に置いたポット入りの水を早めに補充したり、メンバーがどのタイミングで休憩に入るかを判断したりと、現場のオペレーションを効率的に回すことが可能になる。

来客予測の的中率も割り出しています。

機械学習の効果で予測の精度が上がり、来客予測システムの的中率は年間平均で95％に達しています。**高い精度の来客予測にもとづいて店舗を運営することにより、さまざまな無駄や非効率も解消**しました。

◆食材の発注や料理の仕込みが最適化され、食品の廃棄ロスは72・8％削減
◆仕込みの量を調整することで、料理の提供時間は従来の5分の1に短縮
◆客数に対して適正な人数を配置可能に

こうして来客予測により「人・モノ・金・時間」を最適化できるようになりました。

来客予測を現場でどう活用しているか

来客予測を活用するのは、経営者や現場責任者だけではありません。

社員やパート・アルバイトを含めた全員が予測したデータにもとづいて業務を行い、生産性を高めています。

調理場などのバックヤードに設置されたモニターには、デイリー予測や時間帯別予測が常に表示されます（99ページ参照）。


メンバーはこれらのデータを随時確認しながら調理や接客などを行います。

当日は実際の来客数もリアルタイムで反映され、「11時の時点で、82名の予測に対して100名が来客した」といった予測値と実数の差も把握できます。


バックヤードに大型モニターを設置した理由は、データを見る面倒くささをなくすためです。スマホなど個別の端末から確認する方法だと、いちいちＩＤやパスワードを入力してログインする手間がかかります。

モニターにログイン状態の画面を常に表示し続ければ、メンバーが作業しながらでも、パッと目を向けるだけですぐに数字やグラフを確認できます（次ページ参照）。

ちょっとしたことですが、こうした小さな工夫の積み重ねが、職場のデータ活用を

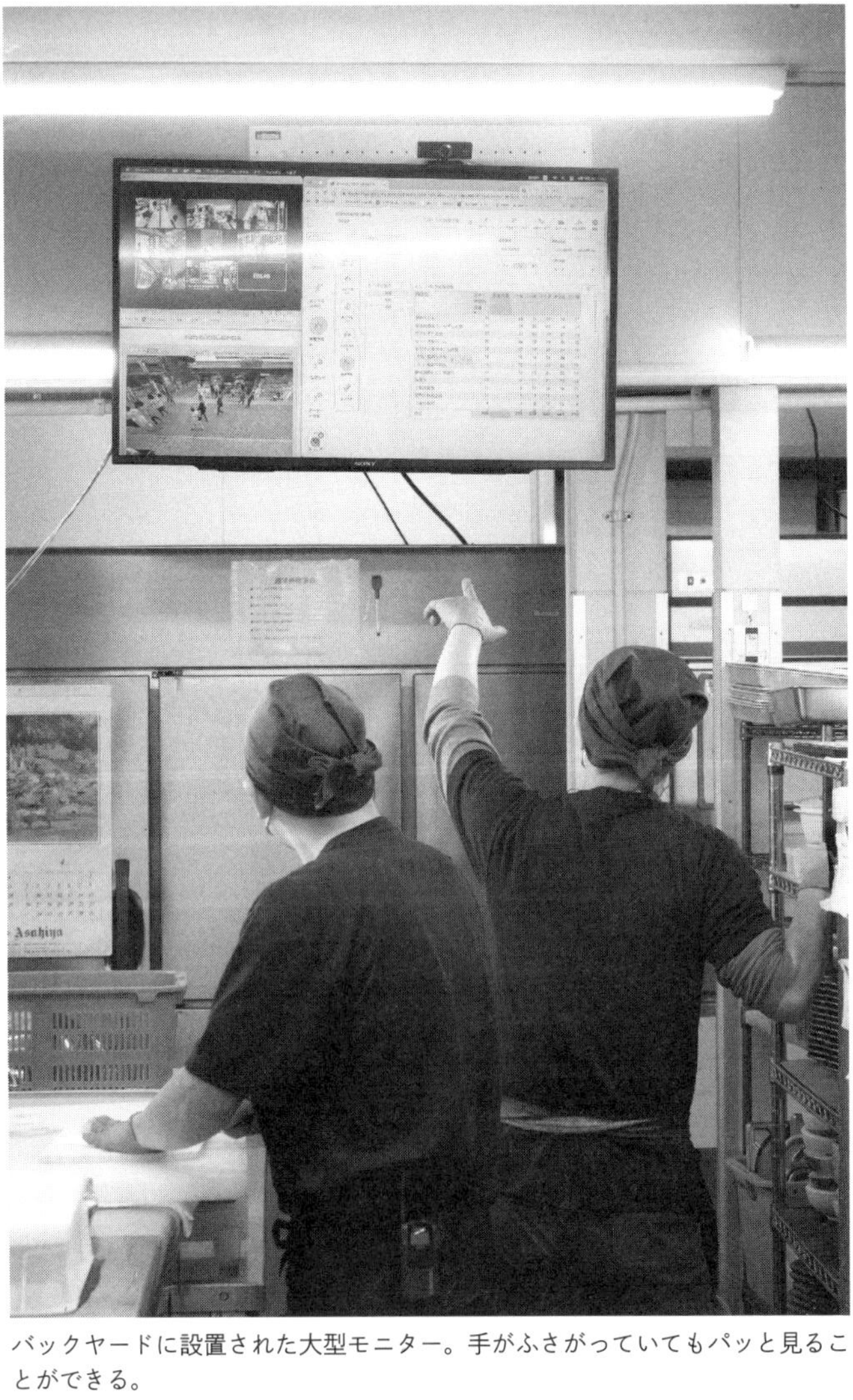

バックヤードに設置された大型モニター。手がふさがっていてもパッと見ることができる。

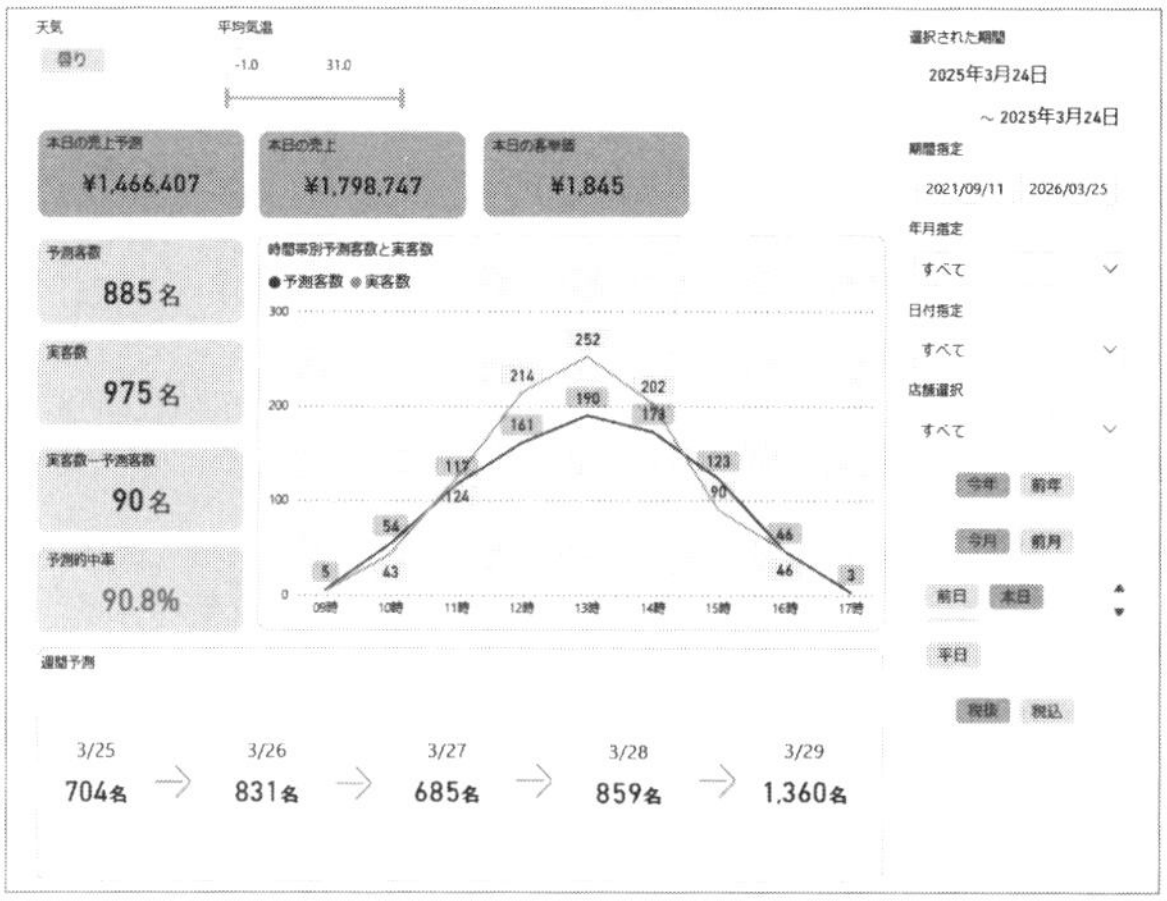

メニュー別予測販売数

商品名	実販売数	予測数	1日後	2日後	3日後	4日後
特製地魚のてこねずし定食	50	59	58	67	56	65
ゑびやの食べつくし定食	43	48	48	55	46	53
【半額】生ビール	35	46	45	52	44	51
セット伊勢うどん	41	42	42	48	40	47
カツオのてこねずし定食	24	36	36	41	35	40
真鯛のだし茶漬け	14	22	22	25	21	25
（小）霜降り牛丼	10	18	18	21	17	20
（並）霜降り牛丼	12	18	18	20	17	20
松阪牛ひつまぶし	11	17	17	19	16	19
【極み】食べつくし定食	13	17	16	19	16	18
海宝飯 梅	20	16	16	18	15	18
雲丹と鮑海宝丼	23	15	15	17	14	16
【追加イセエビ】食べつくし用	18	11	11	13	11	12
あわびバター醤油焼き	9	11	10	12	10	12
【3貫】霜降り寿司	6	9	9	10	8	9
ローストビーフ丼	10	7	7	8	7	8
伊勢真鯛の生ハム	14	6	6	7	6	7

推進する力になります。

現場のあらゆる業務を自動化

来客予測だけではなく業務の自動化にも取り組みました。

―自動化― ドリンクバーの計測

店内にはドリンクバーがあり、お茶や出汁が入ったポットが並んでいます。その下に敷かれているのは薄いマットの形状をした重量センサーです（株式会社エスマットのスマートマット）。

これで**各ドリンクの残量を計測し、リアルタイムでモニターに表示**します（102ページ参照）。満タンの状態は青色、30%を切ると黄色、ゼロになると赤色として、残量によって色別で表示されるので、残りがなくなる前に適切なタイミングで補充できます。

お客様がご自由にお取りできるポット。重量センサーが下にあり、重さを自動計測している。

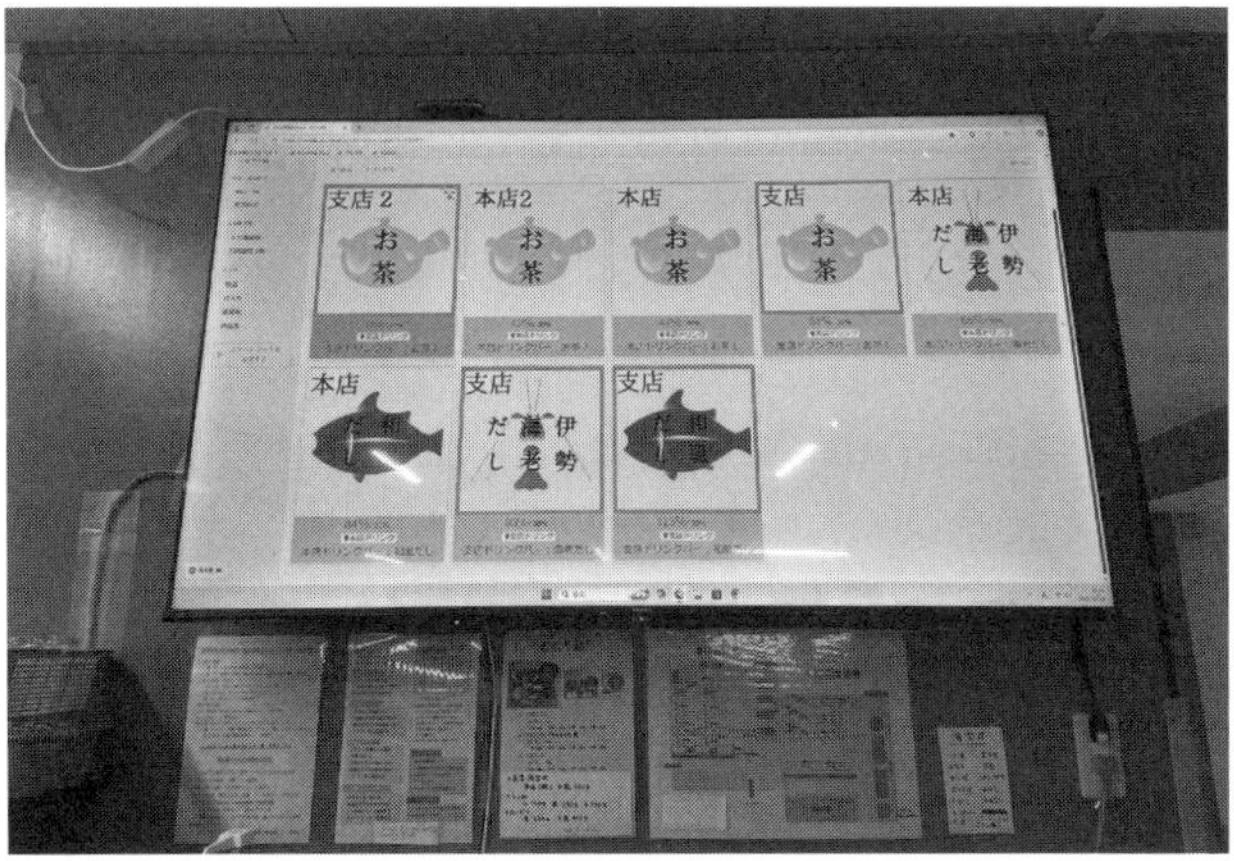

重量センサーで自動計測された重量が、バックヤードにある大型モニターに表示される。パッと残量を確認できる。

補充作業を最適化するとともに、お客様からのクレームも減らせます。

自動化――在庫管理＆発注

バックヤードの備品の下にも重量センサーを設置（次ページ参照）。重量が減って一定の値を下回ると、自動で必要な量を発注します。

重量を正確に測るため、センサーの上に置くときには注意が必要です。

自動化――アンケートの集計

お客様にスマホから二次元コードを読み込んでもらい、ウェブ上でアンケートに回答してもらいます。

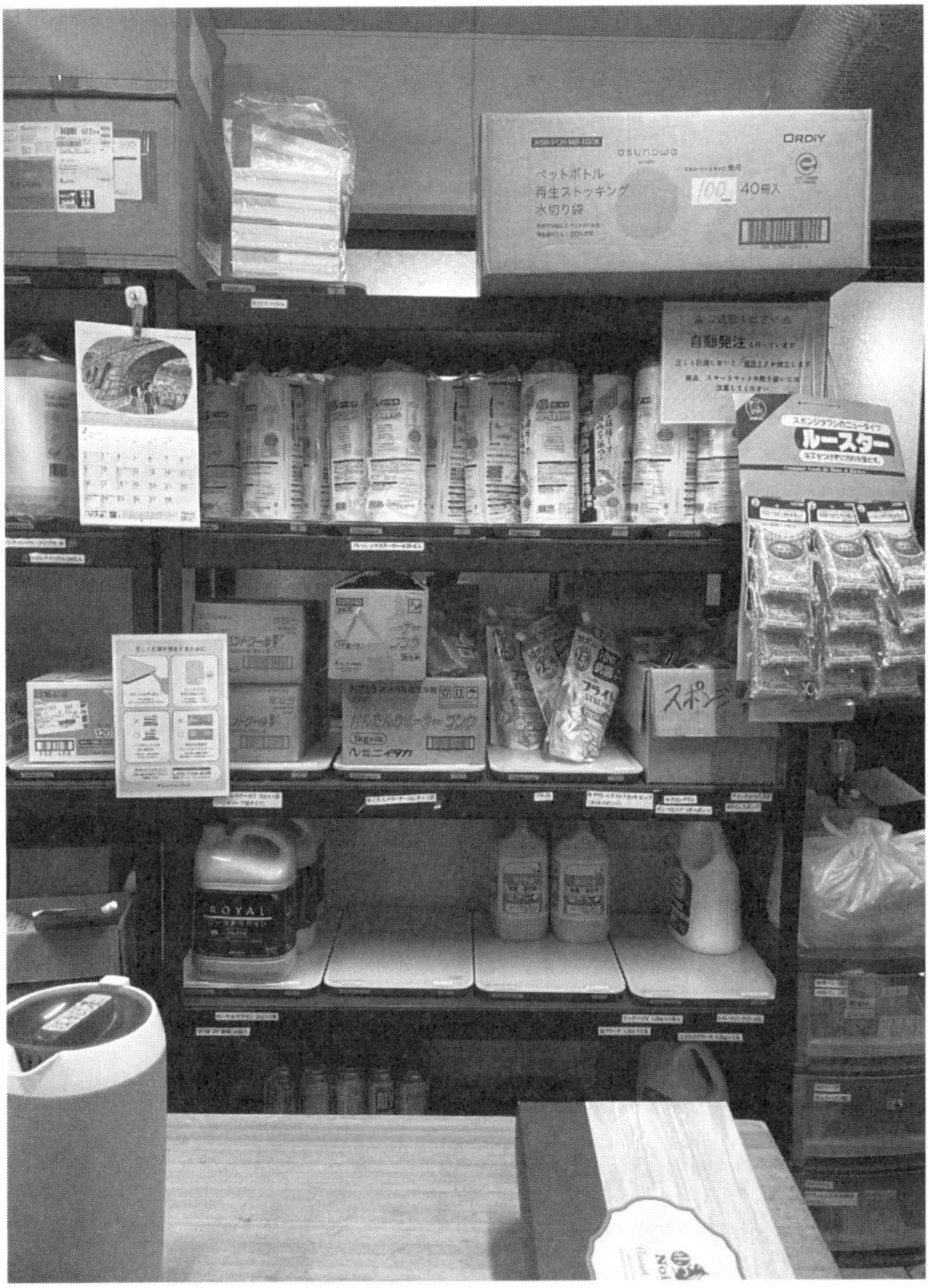

備品の下に重量センサーを設置。重量が減る（残量が減る）と自動発注される仕組み。

その内容をＢＩツール（企業内に蓄積されたデータを集約・可視化するツール）で集計して、分析します。紙に記入するアンケートとは違い、一枚一枚確認し、エクセルで集計、パワーポイントでレポートにするといった手間のかかる作業は必要ありません。

また、リアルタイムで表示されるようにしているため、現場はすぐに対処できます。

他にもテーブル注文は「ｉＰａｄ」、会計は「セルフレジ」を導入して業務を無人化。従業員の勤怠管理や給与計算を一元管理できるクラウドサービスを活用するなど、効率化につながることはどんどん取り入れています。

営業後の仕事をゼロへ

閉店後に行っていた仕事も、今では完全に自動化しています。

一日の営業が終わると、来客予測システムで収集した各種データが集計され、社内の情報共有に使っているチャットツールのMicrosoft TeamsやSlackに転送される仕組みです。

Slackを開くと、いつの間にか今日の売上や客数、商品販売数などがレポート化されている、という具合です（107ページ参照）。

集計も転送もすべて自動化されているので、私や従業員が手を動かす必要は一切なし。もちろんエクセルに入力する作業も発生しません。

アンケート結果もお客様が入力すると同時にSlackに通知され、営業終了と同時に一日分のレポートが転送されます（107ページ参照）。

手作業だとお客様にご意見をいただいてから改善までにタイムラグが発生します。ですが、こうして即時通知される仕組みがあれば、現場はすぐに対応できます。

特にネガティブな意見にはすぐ対応することが大事なので、メンバーも即座に反応する習慣が身についています。

他には例えば「併設の土産物店の注文もタブレットでできると嬉しい」というご意

見が書き込まれたとします。

すると、メンバーはチャット上で「やろうと思えばできますね」「どれくらいニーズがあるのかな」などと話し合いながら、具体的な改善のアクションにつなげます。

店舗運営に関するデータをメンバーとオープンに共有すれば、サービスや商品をより良くするための施策も全員でアイデアを出しながら実行できます。

「経営者なしでも回る職場」を実現

予測を見える化したことで、今ではメンバーがデータをもとに判断し、行動しています。

おかげで私が不在でも、日々のオペレーションは何の問題もなく回るようになりました。大きな予算を必要とする場合などは相談がありますが、基本的には現場が判断して動いてくれるので心強い限りです。

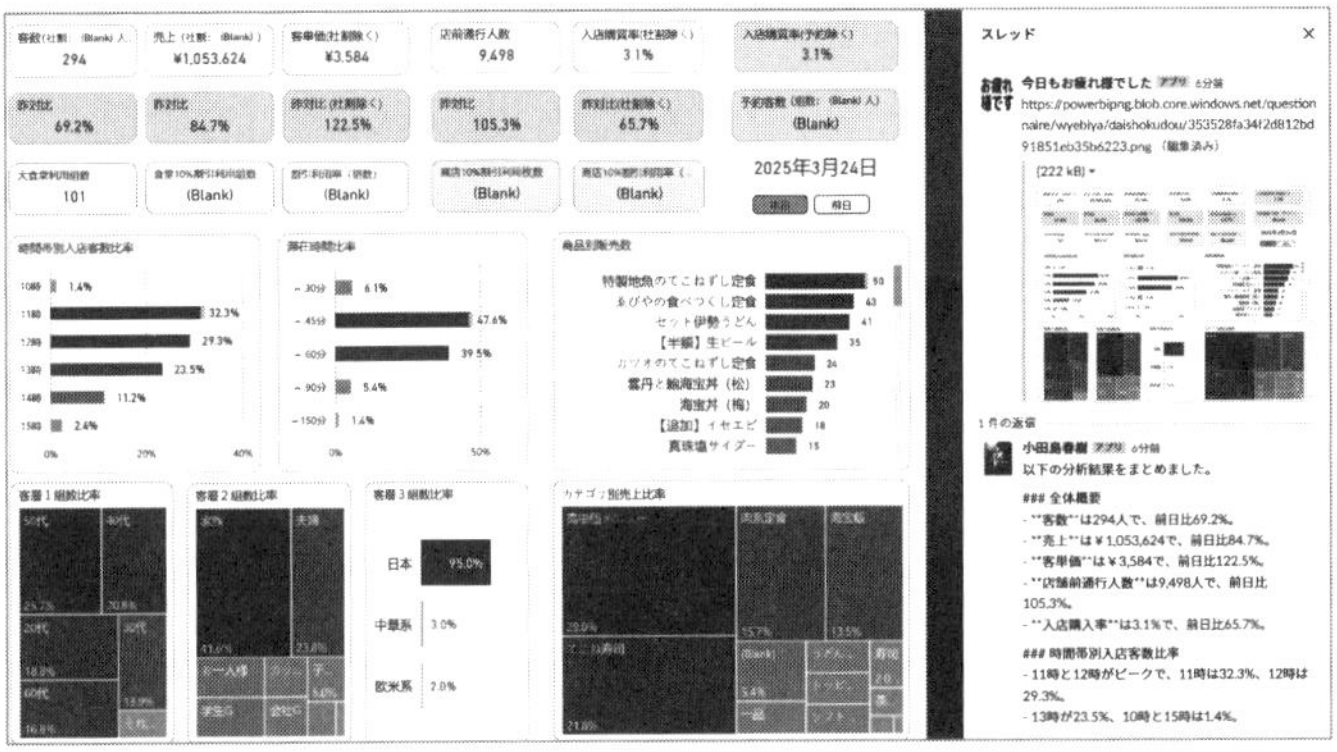
客数
294
売上
¥1,053,624
¥3,584
店前通行人数
9,498
3.1%
3.1%
69.2%
84.7%
122.5%
105.3%
65.7%
(Blank)
101
(Blank)
(Blank)
(Blank)
(Blank)
2025年3月24日
前日
時間帯別入店客数比率
1.4%
32.3%
29.3%
23.5%
11.2%
2.4%
滞在時間比率
6.1%
47.6%
39.5%
5.4%
1.4%
商品別販売数
特製地魚のてこねずし定食 50
ゑびやの食べつくし定食 43
セット伊勢うどん 41
【半額】生ビール 35
カツオのてこねずし定食 24
雲丹と鮑海宝丼（松） 23
海宝丼（梅） 20
【追加】イセエビ 18
真珠塩サイダー 15
客層1 組数比率
客層2 組数比率
客層3 組数比率
日本 95.0%
中華系 3.0%
欧米系 2.0%
カテゴリ別売上比率
スレッド
今日もお疲れ様でした アプリ 6分前
https://powerbipng.blob.core.windows.net/questionnaire/wyebiya/daishokudou/353528fa34f2d812bd91851eb35b6223.png （編集済み）
(222 kB)
1件の返信
小田島春樹 アプリ 6分前
以下の分析結果をまとめました。
全体概要
- **客数**は294人で、前日比69.2%。
- **売上**は¥1,053,624で、前日比84.7%。
- **客単価**は¥3,584で、前日比122.5%。
- **店舗前通行人数**は9,498人で、前日比105.3%。
- **入店購入率**は3.1%で、前日比65.7%。
時間帯別入店客数比率
- 11時と12時がピークで、11時は32.3%、12時は29.3%。
- 13時が23.5%、10時と15時は1.4%。

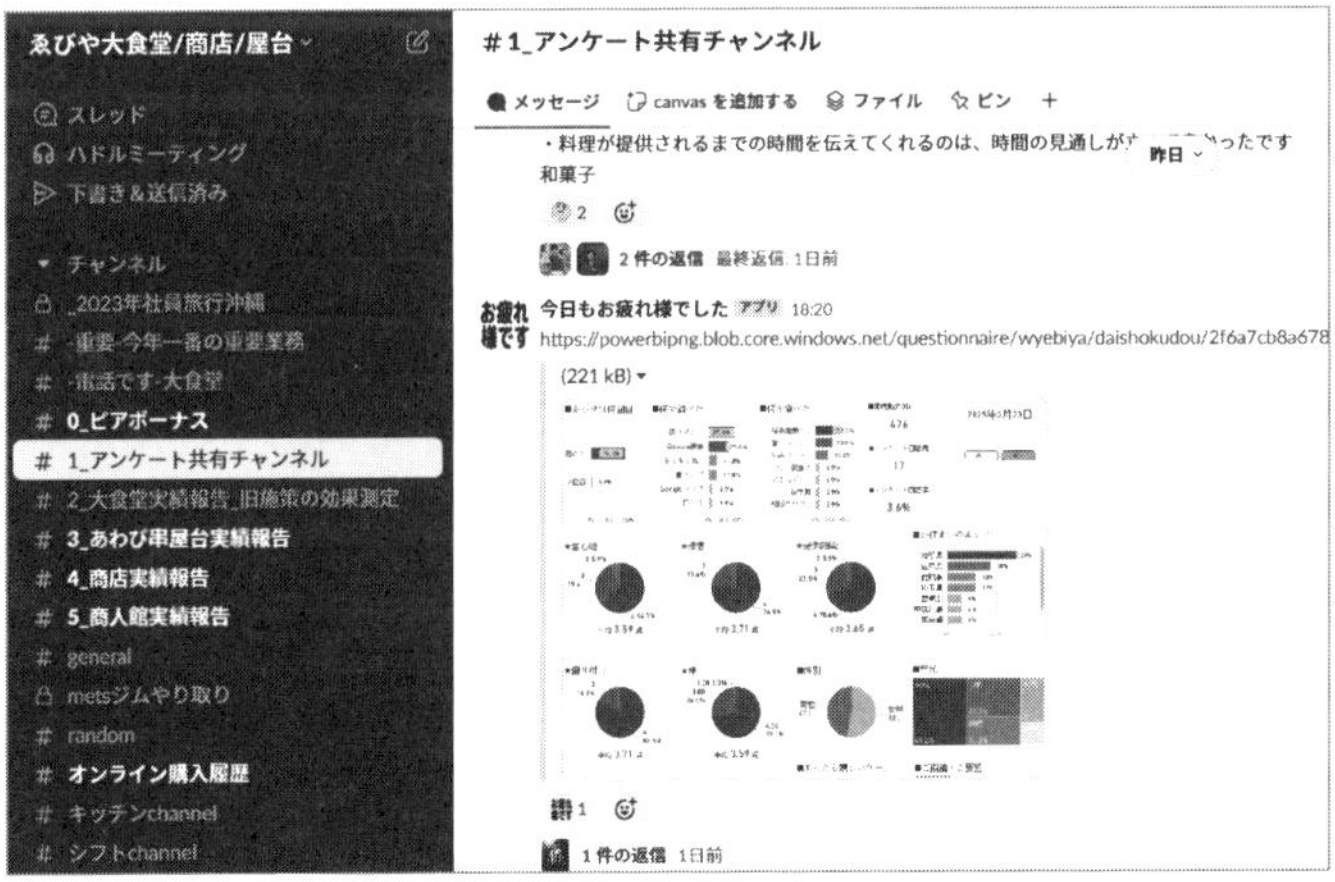
ゑびや大食堂/商店/屋台
スレッド
ハドルミーティング
下書き＆送信済み
チャンネル
_2023年社員旅行沖縄
-重要-今年一番の重要業務
-電話です-大食堂
0_ピアボーナス
1_アンケート共有チャンネル
2_大食堂実績報告_旧施策の効果測定
3_あわび串屋台実績報告
4_商店実績報告
5_商人館実績報告
general
metsジムやり取り
random
オンライン購入履歴
キッチンchannel
シフトchannel
#1_アンケート共有チャンネル
メッセージ
canvas を追加する
ファイル
ピン
和菓子
2 件の返信 最終返信 1日前
今日もお疲れ様でした アプリ 18:20
https://powerbipng.blob.core.windows.net/questionnaire/wyebiya/daishokudou/2f6a7cb8a678
(221 kB)
1 件の返信 1日前

徹底した省力化と属人化の解消を図ったことで私の働き方も変わりました。

経営者がいなくても回る現場が実現したことで、時間の余裕が生まれたことが何より大きな変化です。

今では私が「ゑびや大食堂」に顔を出すのは月に一回程度。

現場にいなくても状況は常にデータで把握しているので経営に支障は出ません。

おかげで「**収益性を向上させる戦略を考える**」「**新しい事業にチャレンジする**」など、**会社の生産性を高める取り組みに専念できる**ようになりました。

現在の私は日本各地や海外を飛び回り、経営に役立つ情報や事例をリサーチしたり、さまざまな人と会って事業のヒントをもらったりと、アクティブに動き回っています。

例えば、重量センサーによる自動発注のアイデアは、ある展示会でマット型重量センサーを扱う会社の社長と出会ったことがきっかけです。

目の前の業務に追われていたらこんな発想は生まれなかったでしょう。

「**発想力は移動距離に比例する**」と言われますが、その通りだと思います。

「面倒くさい」をなくしたい一心で始まったデジタル化の取り組みは、経営者になった当初から思い描いていた事業の多角化にもつながっています。これについては5章で詳述します。

これからの時代に求められている能力とは

ＡＩを活用した独自の来客予測システムまで開発したと聞くと、「誰にでもできることではない」「環境に恵まれていたのでは？」と思われるかもしれません。

でも、決してそんなことはありません。

今は誰もが新しいスキルや知識を習得しやすい時代です。

デジタルの知識やツールの使い方についても、大半のことは本やYouTubeなどを見れば無料で学べます。私もわからないことがあると動画を見て勉強していました。

しかも技術革新が進むにつれ、一般の人でも使いやすいツールが開発され、専門家でなくても最先端のテクノロジーを活用できるようになります。

私たちが開発に使ったパブリッククラウドもそうです。

最近では一般の人が手軽にＡＩを活用できるようになりました。

自動発注システムを作ったときも、難しいプログラミングもＡＩが全部やってくれました。私がしたことといえば、「どのような作業をどう効率化したいのか」を指示しただけです。

デジタル化を進める際に重要なのは、**知識そのものより「テクノロジーを使って何がしたいのか」を明確に伝える力**です。

自分が何を目指し、現状をどう変えたいかさえはっきりしていれば、解像度の高い的確な指示が出せます。あとの作業はＡＩやプロの技術者に任せればいいのです。

今の時代に変化を起こすために必要なのは「想像力」です。

たとえ自分たちが置かれた環境が厳しくても、**「こうすれば今より状況が良くなるのではないか」とイメージし、未来への可能性を見出す力**が求められます。

想像する前から「どうせうまくいかない」と思い込み、やる前にあきらめてしまう。

それでは戦わずして負けるようなものです。


「自分は文系だから理数系のことはわからない」

「デジタルに精通した人材がいなければＤＸなんてできるはずがない」


そう決めつけてしまったら、その時点で不戦敗です。

もちろんやってみたら失敗することもあります。

今思えば、私たちも的外れな方法を試してみたり、作ったものが結果に結びつかなかったりと、悪戦苦闘を続けてきました。

それでも歩みを止めなければ、必ず前進できると信じて挑戦し続けました。

だからこそ、「世界一ＩＴ化された食堂」と言われるところまでたどり着けたのです。

つまり、**改革とは、「やるか、やらないか」**。

どちらを選択するかは経営者やリーダーのマインドにかかっています。

3章

盾にも武器にもなるデータ分析

売上が増減する理由がわからない

改善の積み重ねにより、少しずつですが来客数は増えていきました。

ただし、大きな疑問も残りました。

客数の増加は本当に私たちの取り組みや工夫、努力によるものなのだろうか。

私が入社した翌年は、伊勢神宮で20年に一度の式年遷宮が行われ、年間の参拝客数が過去最高を記録した年。これを契機に伊勢エリアへの注目度が高まり、翌年以降も観光客数は以前より高めの水準で推移しました。

たまたま観光客数が増えたタイミングと重なったので、客数が増えただけではないか。

あるいはまったく別の要因が作用している可能性も考えられます。

しかし、**分析する材料がないため、判別がつきません。**

さらには「店頭の写真や飾りつけを変える」「新しいメニューを出す」など、いくつもの改善策を同時に走らせていたため、効果があったのはどれかもわからない。また、何をどう変えると客数がどのくらい変動するのか、といった絞り込みもできません。

自分のお店の経営に影響を与えている要因は何か。それを特定するための仕組みが必要です。

商売で一番注目すべき数字

「事業と相関が強い数字」を集め、エクセル分析によるデータベースを作っていたことは、前述の通りです。その過程でRPAを取り入れ、幅広い情報を自動的に収集。来客予測や業務の省力化の手段として、データを活用しました。

一方で、売上や客数を増やすためにデータをどう有効活用するかについても検討していました。


データ分析によって導き出せる数字はさまざまです。

経営者がどの数字に着目するかで、経営方針や事業戦略も変わります。


私が重視する数字は「**シェア**」です。

なぜなら経営のベンチマークとして追い続けるのに適した数字だからです。

「売上」や「客数」そのものではありません。

全体に占める割合に着目します。

つまり、「伊勢神宮を訪れる観光客のうち、『ゑびや』に入るのは何%か」「併設の土産物店に入った人のうち、商品を購入したのは何%か」などです。

例えば、観光客100万人のうち、来客数が5万人ならば「シェア」は5%。

観光客が200万人で、来客数が5万人ならば「シェア」は2・5％になります。

前述の通り、売上や客数は外部要因の影響を受けます。

近隣で大きなイベントがあれば、街全体の人通りが増え、その影響で自店舗の売上が増えることもあるでしょう。逆にコロナ禍のような非常事態が発生し、街全体の人通りが激減すれば、その影響で自店舗の売上が大きく減ることもあります。あるいは「近所に競合店ができた」「地元から企業や工場が撤退した」などで売上や客数が左右されることもあります。

どのビジネスもこうした変化に直面するはずです。

外部要因による影響をコントロールすることなどできません。

それにもかかわらず、売上や客数だけを見て、「増えた」「減った」「しょうがない」「もっとがんばろう」などと一喜一憂するのは建設的とは言えないでしょう。

対して相対的な数字である「シェア」は、外部要因の影響をほとんど受けません。

このシェアが高いというのは、お客様に魅力のあるお店として見られ、選ばれる割合が高いお店と言えます。

つまり、シェアとは経営努力や現場の工夫によって付加価値の高い商品やサービスをお客様にどう提供するかストレートに反映される数字であり、増やすも減らすも自分たちの力次第と言えます。

経営の本質的な目的は、シェアを上げること。

これが若いころから商売を経験し、食堂の経営を継いでからエクセルで数字を追い続けてきた私の結論です。


シェアの中でも、私が特に重視するのが「入店率」と「購買率」です。

ある市場や商圏の中で、自分の店に入店する割合はどれくらいか。

入店した人が商品を購買する割合はどれくらいか。

これらを示す数字です。


シェアを割り出すとメリットは何か。

ある施策を実行したとき、その効果を測定してシェアを算出すれば、経営にどう影響したかをデータで把握できます。

例えば、看板メニューのデザインをオシャレにしたとき、シェアは上がったか、下がったか、それとも横ばいか。

それらの**数字をもとに、工夫や努力の方向性を客観的に判断できる**わけです。

データ分析をもとにメニューやサービスを開発し、シェアを測定して改善をくり返す。そうすれば、提供する価値は確実に向上し、売上や客数を増やすことにもつながるのではないか。

そう考え、シェアを算出する仕組みづくりに取り掛かりました。

店頭にカメラを設置し「人流データ」を取得

シェアを算出するには「全体」の数字が必要です。

伊勢神宮を訪れる観光客のうち、「ゑびや」に入って食事をする人の入店率、購買率を知りたいなら、「全体＝伊勢神宮を訪れる観光客数」がわからないといけません。

つまり、割合を表す際の分母が求められるわけです。

ただし、全体の数字を把握するのは意外と大変です。

データベースを作ったときのように、あちこちのウェブサイトや統計資料から該当する数字を探し、収集しなければいけません。そこはRPAの導入によってハードルを乗り越えましたが、それでもまだ取得できていないデータがありました。

それは「ゑびや」の入り口前の通行客数（＝人流データ）です。


例えば、店頭のディスプレイを変えたことによる効果を測定したいとします。

それには、自治体の統計による観光客数を分母にしては対象範囲が広すぎます。

「お店がある参道の通行客数」が対象範囲として正しいでしょう。

ですが、それには自力で集計する必要があります。

当時は店頭に座り、手動のカウンターでカチカチと通行する人数を数えていたこともあります。

しかし、これを続けるのはつらすぎます。

何かいい方法はないかとリサーチしました。

すると、画像解析の機能がついたセンサーカメラを見つけました。

カメラに映る人数の計測に加え、性別や年代などの属性も数値化できる優れものです（次ページ参照）。

価格は想定以上に手頃で、カメラの購入だけなら初期費用は30万円の買い切りです。

本来の用途はセキュリティ用で、カメラに映る範囲も狭かったのですが、設置する場所や角度を工夫し、店前を行き来する人の流れを撮影できるようにしました。

当時はエクセルからパブリッククラウドへ移行していた時期だったので、センサーカメラが取得した画像解析データもAzureと連携することにしました。

これにより、売上や商品販売数などと連携したデータ分析が可能になったのです。

店頭のカメラで人の流れを自動でカウント。

施策の効果を「数字」で検証

そもそも、人流データで何がわかるのか。

「来客数」を「通行客数」で割れば、「入店率」を算出できます。

私たちはこのデータを常に追い続け、昨年比や直近の推移を把握しています。

算出したデータは、次ページのように数字とグラフで可視化されます。

このデータを例にとると、通行客数は昨年に比べて約18％増加しました。

一方、来客数は昨年比で約28％増加。

店の前を通る人数より、私たちの店の客数のほうが増加率は高いことがわかります。

つまり、シェアが増えたと言えるわけです。数字を確認すると、シェアは昨年に比べて約8％増えていることがわかります。

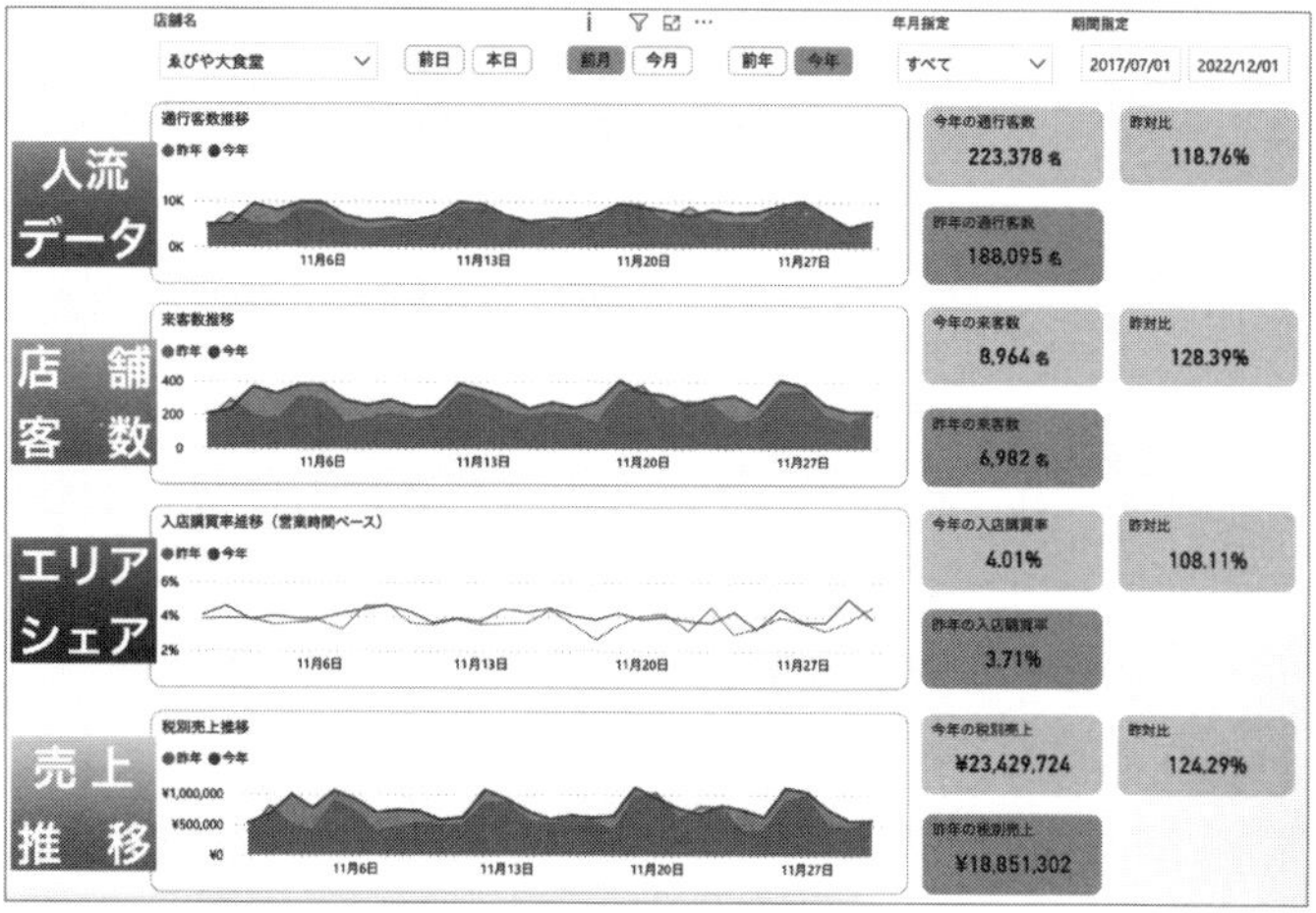

私たちが商売をするマーケット（伊勢神宮の参道エリア）において、「ゑびや」を選んでくれるお客様の割合が8％増えたということは、私たちの店の付加価値が8％向上したと解釈できます。

シェアを算出すれば、自分たちの事業価値が向上したことを数字で証明できるのです。

例えば、次のような個別の施策に対する効果も検証できます。

◆ドリンクが半額になるクーポンを配る（次ページ参照）
◆商店街が実施するスタンプラリー

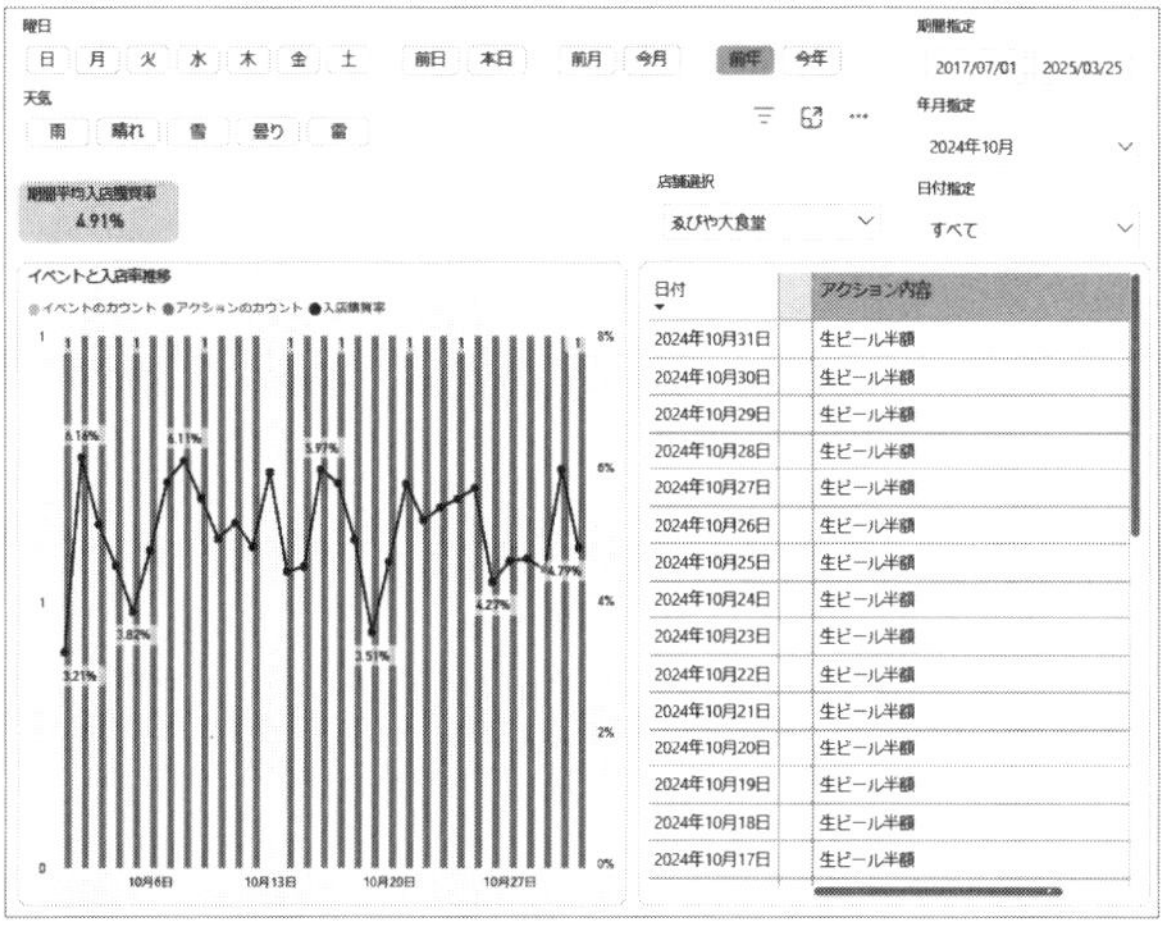

に参加

こういった施策でシェアがどう変化するか。

検証の結果、自分たちの行動がシェアの向上につながっていれば、有効な施策として継続しながらブラッシュアップしていく。

逆にシェアが低下したり、変化が見られなかった場合は、イベントやアクションに投じるコストが無駄になるので中止する。

シェアをもとに意思決定しながら、商品やサービスの付加価値向上に向けたサイクルを日々回し続けていけます。

なぜ、「価格を上げても問題ない」と言えるか

原材料費の高騰が続く今、価格を上げなければ経営を持続させることは困難です。また、付加価値の高い商品やサービスを開発し、それに見合う値段で提供すれば儲かる商売を実現することもできます。とはいえ、「お客様が減るのではないか」と不安に思い、価格を上げる決断ができない会社や店舗も多いでしょう。値上げの効果測定も「人流データ」と「シェア」で検証できます。

まず前提として、価格とシェアの考え方について整理しておきます。

ある商品の価格が変動した場合、需要がどれくらい変化するかを表す数値を「価格弾力性」と言います。価格弾力性が大きいほど、価格が変動したときの需要の変化は大きくなります。次の事例を見て計算してみてください。

価格弾力性の例

ここに一個当たりコスト100円、売価100円で利益が100円の商品があるとします。
街の来客数が1000人で、そのうち50人がお店で商品を買ってくれました。すると、シェアは５％、利益の合計は**5000円**になります。

原材料費が上がり、コストが130円になったのでその分、商品価格を230円に値上げします。利益は100円のままです。値上げしたため、シェアは4.5％になりました。街の来客数1000人のうち45人が商品を買ったわけです。
利益の合計は**4500円**。利益は下がってしまいました。

そこで思い切って原材料費が上がった分以上に260円に値上げし、利益は130円になる価格を設定をしました。シェアは４％に下がりましたが、利益の合計は、「130円×40人＝**5200円**」となり、値上げ前より増えました。

	コスト		売価		利益
	100円	→	200円	→	100円
コスト増分値上げ	130円	→	230円	→	100円
コスト増分以上値上げ	130円	→	260円	→	130円

客数は減っても利益が増えるなら、「原材料費が上がった分以上に値上げしたほうがいい」という判断になります。

「でも、値上げしすぎたらシェアが想像以上に落ち込み、全体の利益も落ちるのでは？」と思うかもしれません。段階的に価格を上げていき、ある時点でシェアが下がったなら価格を元に戻す判断をすればいいでしょう。

こうして値上げの効果を検証すれば「価格と利益」の水準をつかめるようになります。

私たちも実際に、この方法による検証を年に3回ほど行っています。

結論からいえば、**原材料費が上がった分以上に値上げしても、売上や利益が減ったことはありません**。つまり、私たちが商売をしているのは、それだけの価格を許容できるマーケットだということです。

その結果を踏まえて、「ゑびや」では段階的にメニューを値上げしてきました。

2022年には年3回の値上げを行い、商品全体の価格を約20％上げています。

こうして値上げによる効果測定と検証結果を踏まえたアクションをくり返せば、事業の収益性を継続的に高めていくことができます。

「デザイン・イメージ」が商売に大きく影響するわけ

人流データとシェアの検証で、商売に大きく影響する要因も判明しました。それは「デザインやイメージ」です。店頭のメニュー看板やメニュー表などのデザインを変更した際に、シェアが大きく変動するケースがたびたびあったのです。

特に2018年末に店頭のメニュー看板を一新したときは、写真やグラフィックデザインを変更し、従来とは異なるイメージを打ち出しました。もちろん売上や客数の増加を狙ったリニューアルです。

ところが結果は、変更前は4・94%だったシェアが、変更の翌日には2・56%へと半減してしまいました。

ただし、このときは同じタイミングで商品の値上げも行ったので、価格変更が影響した可能性もあります。

また、メニュー看板の変更が影響しているとしても、その要因が写真なのか、それともデザインなのかわかりません。

そこでデザインと商品価格を変更前に戻してみました。

すると、シェアは3・36%となり、1%ほど回復しました。

しかし、前年同月と比較すると2・6%ほど低い数字です。

次にメニュー看板を変更前のものに戻しました。

つまり写真もデザインも元に戻ったわけですが、シェアは3・8%に上がり、前年同月比で10%増と以前の水準まで回復しました。

その上で商品価格を3%上げたところ、シェアは4%に上昇。値上げによってシェアが下がることはなかったとわかりました。

こうして一つひとつの要因が及ぼす影響を測定した結果、「入店購買率に大きく影響するのは、価格よりデザインやイメージ」と確信できました。

データ分析で効果を測定しなければ、ディスプレイの影響を正しく把握できず、リニューアル後の看板を使い続けていたかもしれません。あるいは、値上げのせいでシェアが減ったと誤解した可能性もあります。

リニューアルのためにデザイナーやカメラマンを変え、お金をかけて制作した看板でしたが、マイナスの影響があることを客観的なデータで確認できたので、元に戻す判断ができたわけです。

もちろんこれは「ゑびや」の場合であり、他地域の飲食店や他業態の店が検証すれば、また別の結果になるはずです。メニュー看板にしても、洗練された写真やデザインが好まれる店もあれば、素朴で野暮ったいくらいのほうが、シェアが上がる店もあるでしょう。

重要なのは、自分たちのマーケットにおいて何がベストなのかを「シェア」を用いて検証し、判断することです。

まったく人がいないエリアなら話は別ですが、一定数の消費者がいる商圏であれば、シェアを追求し続けることで売上を増やしていける。

今の私は自信を持ってそう断言できます。

客層の変化をキャッチせよ

加えて重要なのが、マーケットの検証を継続的に行うことです。

客層や顧客ニーズが変化することはよくあります。常にデータを追っていれば、こうした環境変化をいち早くとらえ、商品やサービスに反映できます。

例えば、あるＳＮＳの発信で若い世代に伊勢の人気が高まったとします。

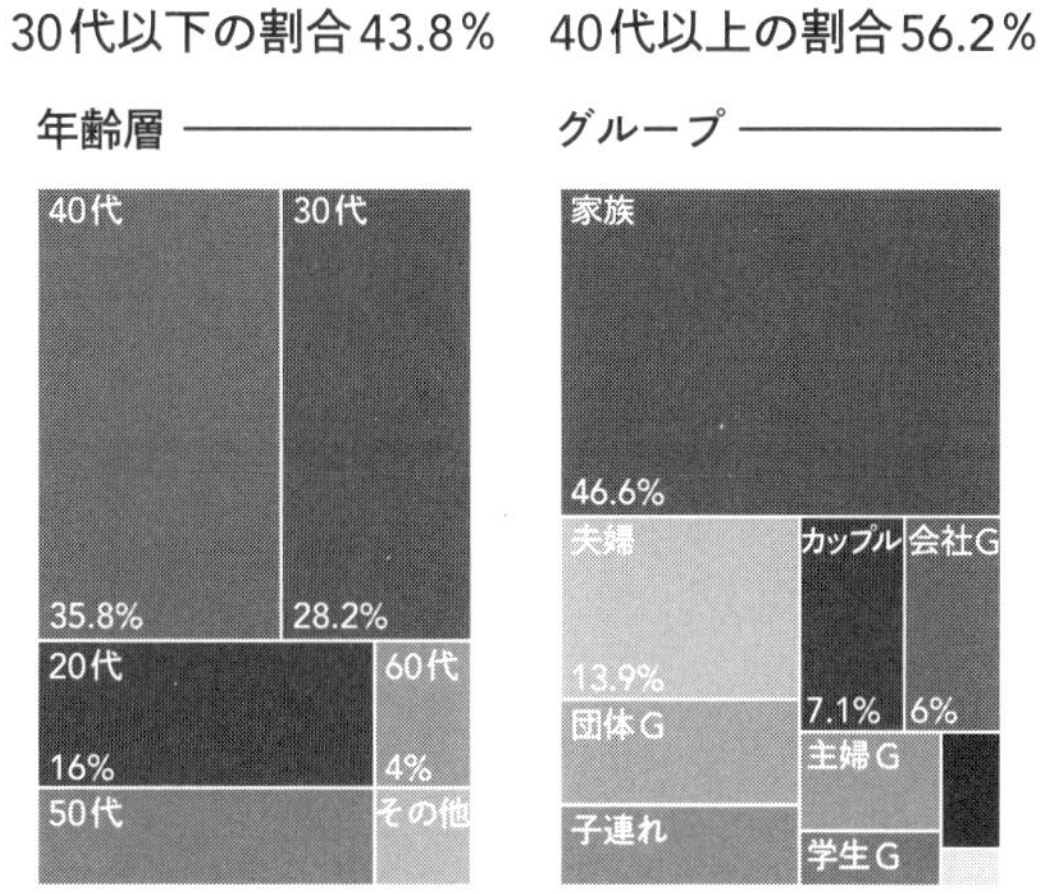

コロナ前：2019/1/1〜12/31

そのときにいち早くキャッチできていたら、看板のデザインを変える、新メニューを考えるなど、工夫を凝らすことができるはずです。

センサーカメラの画像解析によって取得したお客様の性別・年代などの属性や、属性別の商品販売数などのデータを日々記録しています。

この蓄積されたデータが強みとなり、2020年に突如として始まった新型コロナウイルスの感染拡大による変化にも、迅速に対応できました。

上のデータはコロナ禍前（2019年）、次ページのデータはコロナ禍（2020

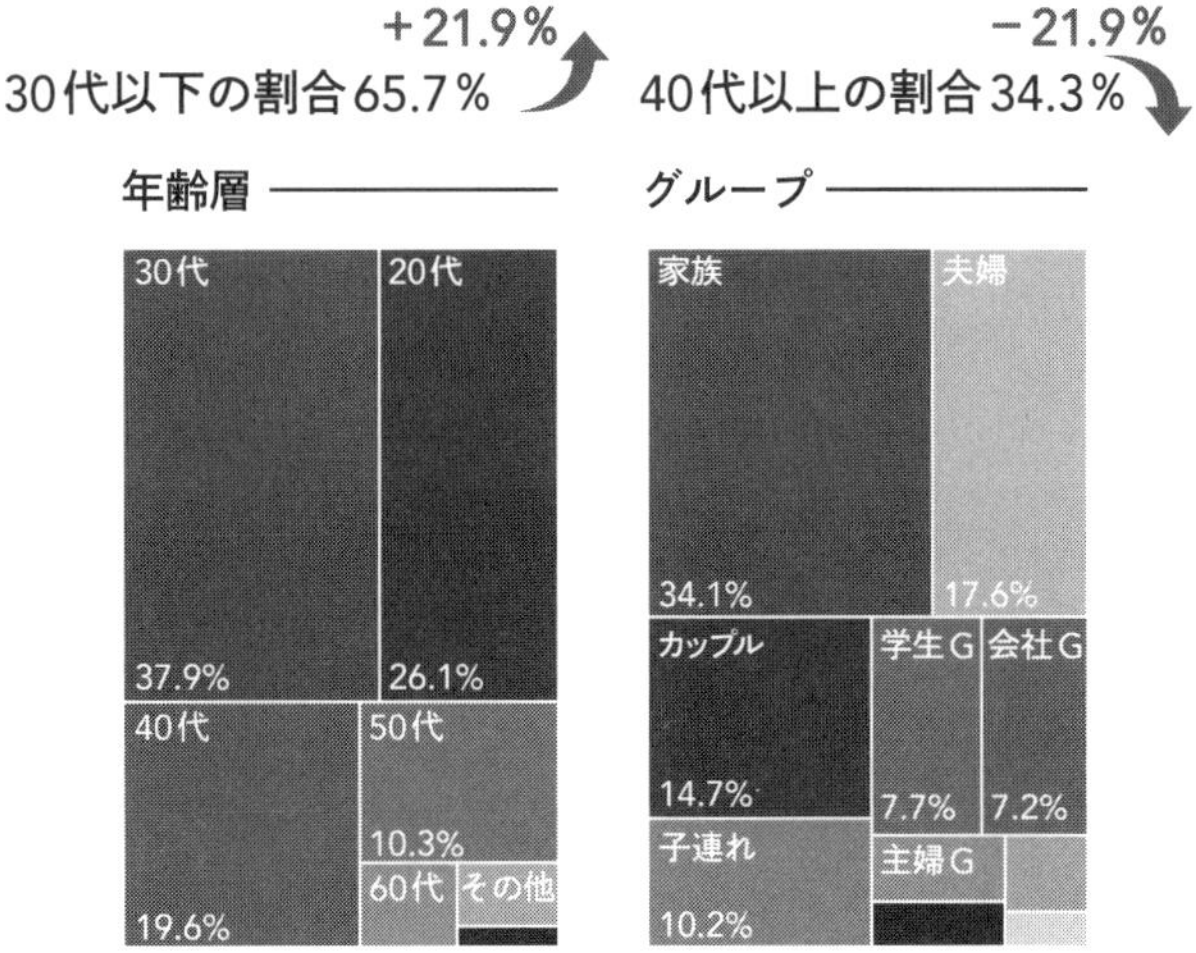

コロナ禍：2020/7/1〜8/19

年7〜8月）で食堂を利用したお客様の属性や特徴がどう変化したかを比較したものです。

それまでの「ゑびや」は、年齢層が比較的高めのお客様が中心でした。しかし、コロナ禍では30代以下の割合が65・7％（21・9％増）、40代以上の割合が34・3％（21・9％減）となり、客層が若い世代中心へと転換したことがわかります。

客層がこれだけ大きく変わったなら、売れる商品も変わるはずです。

では若い世代には何が売れるのか。

年代別商品販売数のデータベースから、20代のお客様が前月に注文したメニューを確認すると、「お茶漬けやうどんが平均販売数より売れている」といった世代の特徴を把握できます。

すると、次のような仮説が立ちます。

◆店頭のメニュー看板を「お茶漬け」や「伊勢うどん」など、若い世代にも手が届きやすい価格帯の商品にすればシェアが上がる

◆「お茶漬け」や「伊勢うどん」のバリエーションを増やせば販売数が増える

また、曜日別の比率を見ると「日曜と月曜は20代が多い」という傾向もわかりました。曜日に合わせて若者向けのチラシを配るなどのプロモーションも効果がありそうです。

これらの仮説を実行に移し、その効果をデータで測定して検証。その結果をまた次のアクションに反映する。

このサイクルを回して新しい客層に合った商品やサービスへ切り替えていきました。

その結果、来客予測の数字を大幅に上回る来客があり、２０２０年の年間売上は昨年比で17％増となりました。コロナ禍の影響で街の通行者数が減ったにもかかわらず売上が増えたのは、シェアが上がったからです。

当時の状況を例えるなら、店を構える場所がある日を境に東京の巣鴨から原宿に変わってしまったようなもの。高齢者が集まる巣鴨で売れていた商品が、中高生であふれかえる原宿でも売れるとは到底思えません。

私たちの店のシェアが増えたのは、他店が巣鴨時代のままの経営を続ける中で、いち早く原宿のマーケットに対応したからです。

コロナ禍では人々の外出が制限され、飲食店だけでなく、あらゆるサービス業が多大な影響を受けました。

それでもシェアを上げることに集中すれば、市場規模が縮小する局面でも、売上を維持・向上できる可能性は十分あるのです。

商品開発はテスト販売で効果を測定

「人流データ×シェア」による分析は、商品開発でも威力を発揮します。

「若者に売れる商品」の開発に着手した私たちは、「SNSで映える商品なら若者にうけるのでは」と仮説を立てました。


そこで注目したのが、「松阪牛寿司」です。

これは三重県の特産品である松阪牛を手軽に楽しめる食べ歩き用の商品として、以前から提供していました。

しかし、食べるときに両手を使うため、年齢層が高いお客様にはわずらわしさを感じたらしく、売れ行きがよくありませんでした。

でも若い世代が多い原宿化した今のマーケットなら、売れる商品になる可能性があります。

若い世代にとって、映える写真を撮影できるかどうかが、旅行先や外食する店を選ぶ強い動機になります。

よって写真映えするように商品の見た目をアレンジしたり、おしゃれに盛り付けた写真を店のSNSで発信したりすれば、若い人たちは「自分も松阪牛寿司を買って写真を撮りたい」と思ってくれるのではないか。

このような仮説を立て、店前の屋台でテスト販売することにしました。

その結果、購入者の8割が20代になり、予想通り若い世代が圧倒的に多くなりました（次ページ参照）。また、従来の食べ歩き用商品のシェアは1・5％から2％程度だったのに対し、松阪牛寿司のシェアは3・6％と高い数字でした。

この高いシェアを見て、私は「新たな業態として松阪牛寿司の専門店を出せるのではないか」と考えました。

しかし、そのためには先行投資が必要です。

購入者の80%が20代

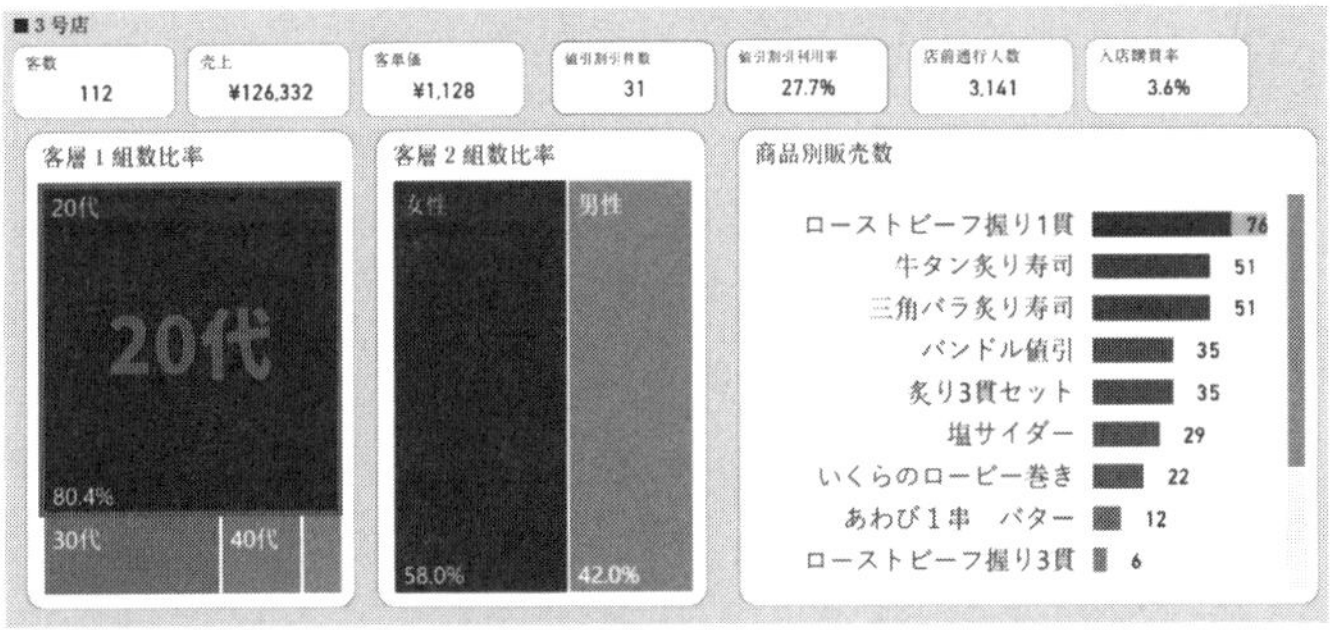

どの程度の人・モノ・金・時間を投入すれば、回収できるか。

人流データ、シェアをもとにすると、投資計画や回収計画を立てるのはさほど難しくありません。ざっくりとですが計算した結果を次ページに示しました。

粗利からメンバーの給与や光熱費などの諸経費を差し引けば利益を算出できるので、逆算すれば「この事業にいくら投資し、何年で回収できるか」を計画できます。

この計算により、大きめの投資をし

投資計画を簡単に計算

店前の通行客数は1日平均で7500人。年間で273万人が通ります。そのうち3.6％が商品を購入したとします。

すると、年間の購買者数は「273（万）×0.036＝9.828（万）」で、約10万人。

客単価が1250円前後とすると、「1250×10（万）」になるため、年間で1億2500万円の売上が見込めます。

ここから経費を差し引けば粗利を算出できるので、商品開発に対する投資計画が立てられます。


新店舗の候補地前の通行客数を測定すると、「ゑびや」前に比べて約半分。

また、テスト販売時のシェアは最大値の可能性があるので、少し低めに見積って3％で試算します。

すると、年間の通行客数が約136万人。

年間の購買者数は約4万人（136［万］×0.03）。

客単価の1250円を掛けると、年間売上は5000万円です。

原価率はおよそ35％なので、粗利は約3300万円になります。

ても比較的短期間で回収できると判断。

２０２２年に肉寿司専門店「ゑびや商人館」をオープンしました。

なお、同店の売上は順調に伸びていて、想定していた年間５０００万円を上回る数字で推移しています。

新店舗や新業態を出すのは、経営者にとって大きなチャレンジです。**データをもとに想定される売上や客数を算出すれば、確度の高い投資計画や回収計画を立てられます**。常に数字を根拠として判断することで、いちかばちかで勝負するのではなく、チャレンジの成功確率を高められるのです。

客単価を上げる

入店する人の割合を増やす一方で、私たちが継続的に取り組んでいることがあります。

それは「客単価を上げる」ための施策です。

客単価を上げる方法の一つが「値上げ」です。

付加価値の高い新商品を開発し、高い価格で販売するのは有効な手段です。

その際に活用するのが、「商品別販売数」のデータです。これは各商品がどのくらい売れたかがわかるデータのこと。なかでも着目すべきは次のような「商品の組み合わせ」です。

◆「どの商品」と「どの商品」がセットで売れているか
◆ある商品を購入したお客様グループが、他に購入した商品は何か

これらを把握することが、価格が高くても売れる新商品の開発につながります。

そもそもどの商品がよく売れるかは、外部要因の影響を大きく受けます。

例えば、不景気になったり、物価高が続いたりすると、お客様は財布のひもをきつく締めます。すると、単価の低い商品ばかりが売れるようになります。

しかし、単価の低い商品ばかりを販売していては、店全体の売上が減る一方です。単価の高い商品を売るための施策を打たなければいけません。

あるとき昨年を超える数字がずっと続いていた客単価が、急に前年割れになったことがあります。

このように日々、データで商品別販売数や客単価を追っていると、消費者行動に変化があればすぐ気づきます。

即座に「商品別販売数」を確認すると、単価の低い「てこねずし定食」（1480円）が売れ筋ランキングで1位になっていました。これが客単価を押し下げていたのです。

「てこねずし定食」を注文したお客様グループの客単価を確認すると、やはり平均より、600円ほど低いことがわかりました。

つまり、このメニューを選ぶお客様は、他の商品もなるべく安いものを選ぼうとするバイアスがかかっていると考えられます。

実際には「てこねずし定食」との組み合わせで多いのが、手頃な価格で提供している小サイズの「伊勢うどん」であることも販売データで確認できました。「てこねずし」や「伊勢うどん」は地域を代表する郷土料理ですから、「伊勢の名物を食べたい」というお客様のニーズも理解できます。

そこで「新しい名物商品をつくる」ことにしました。

「てこねずし」と「伊勢うどん」を組み合わせて注文する人が多いなら、そこに他の名物料理を加えたセットメニューを開発してはどうかと考えたわけです。

もちろん、商品価格は「てこねずし＋伊勢うどん」より高くなります。ですが、もともと食べたかった2品に加え、プラスアルファも楽しめるお得感があれば、「安いものを選ぼう」とするバイアスのかかったお客様も注文しやすいはずです。

そこで、「てこねずし」と「伊勢うどん」「松阪牛寿司」「あわび串」を組み合わせた「ゑびやの食べつくし定食」を開発し、３４８０円で提供を開始しました。

その結果、以前は売れ筋ランキング1位だった「てこねずし定食」が4位になり、代わりに新商品の「ゑびやの食べつくし定食」が5位に躍進しました。

これに伴い、客単価は2881円に上昇。客単価の対前年比も127・9％まで回復しました。「ゑびやの食べつくし定食」を注文したお客様グループの客単価を見ると、平均客単価を1000円近く上回っており、この新商品が全体の客単価を押し上げる力になっていることがわかります。

このように、**データ分析にもとづく商品開発を重ね、客単価は上昇を続けています。**2012年の客単価は850円でしたが、2024年末時点で2847円に達し、12年間で3倍以上に伸びています。

マーケットが許容できる価格帯を把握し、お客様の購買行動を記録したデータを活用すれば、地方の飲食店でもこれだけの客単価アップが実現するのです。

成功確率を上げる「データ起点の経営」

他にもさまざまな場面でデータを活用しています。

◆アンケート結果を「味」「盛り付け」「提供時間」「接客」「居心地」など、項目別に分析。評価が下がる要素があればすぐに対応策を考える（次ページ参照）

◆お客様がどの媒体を見て来店したかを分析。集客効果の高い広告を選定するなどしてシェア向上を図る（148ページ参照）

◆お客様が席について会計をされるまでの時間をPOSを使って測定。回転率の悪い座席や売上の低い座席は撤廃や移動を行うなど、レイアウトの見直しに役立てる（149ページ参照）

■アンケート評価点

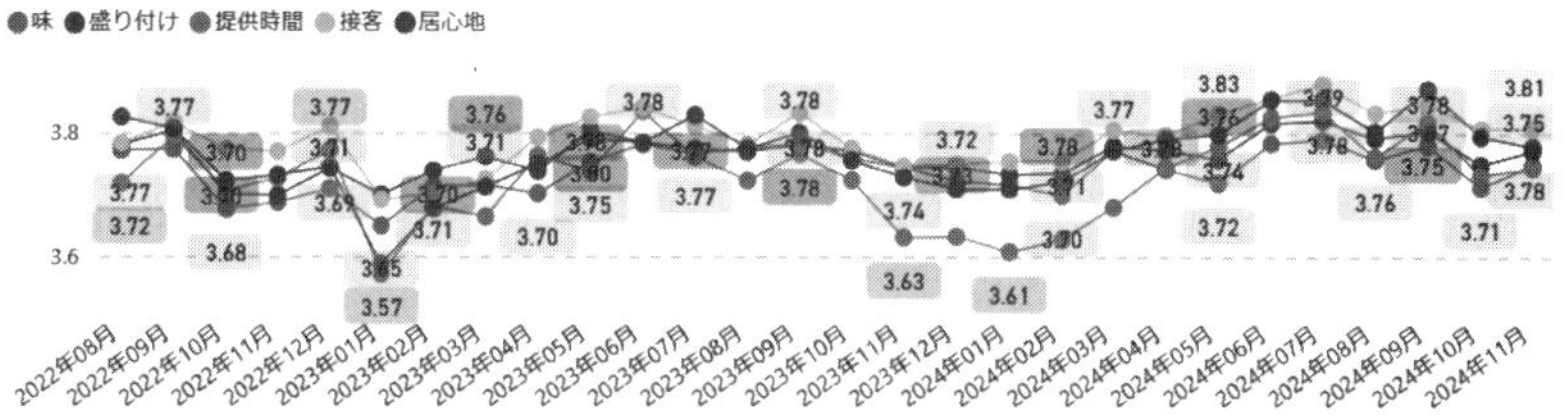

すべての施策はデータを起点とします。

「データ分析↓仮説↓アクション↓効果測定・検証↓次のアクション」

これを絶え間なくくり返す。

それが私たちの実践するデータ経営です。

これにより「ゑびや大食堂」と併設の土産物店「ゑびや商店」を合わせた売上は、2012年の1億円に対し、2023年には6億円にまで増加して、11年間で6倍増を達成しました。

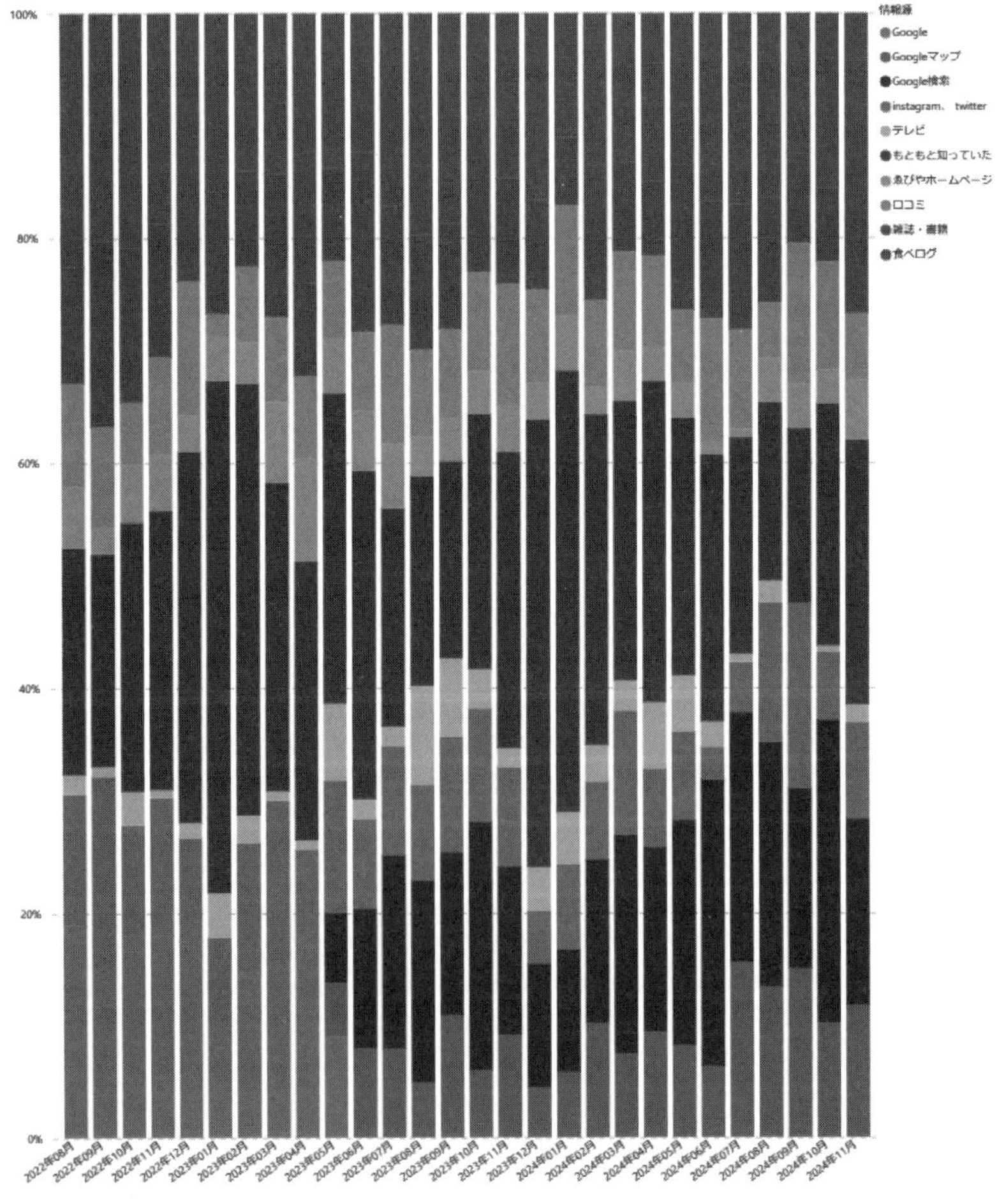
100%
80%
60%
40%
20%
0%
2022年08月
2022年09月
2022年10月
2022年11月
2022年12月
2023年01月
2023年02月
2023年03月
2023年04月
2023年05月
2023年06月
2023年07月
2023年08月
2023年09月
2023年10月
2023年11月
2023年12月
2024年01月
2024年02月
2024年03月
2024年04月
2024年05月
2024年06月
2024年07月
2024年08月
2024年09月
2024年10月
2024年11月
情報源
Google
Googleマップ
Google検索
instagram、 twitter
テレビ
もともと知っていた
ゑびやホームページ
口コミ
雑誌・書籍
食べログ

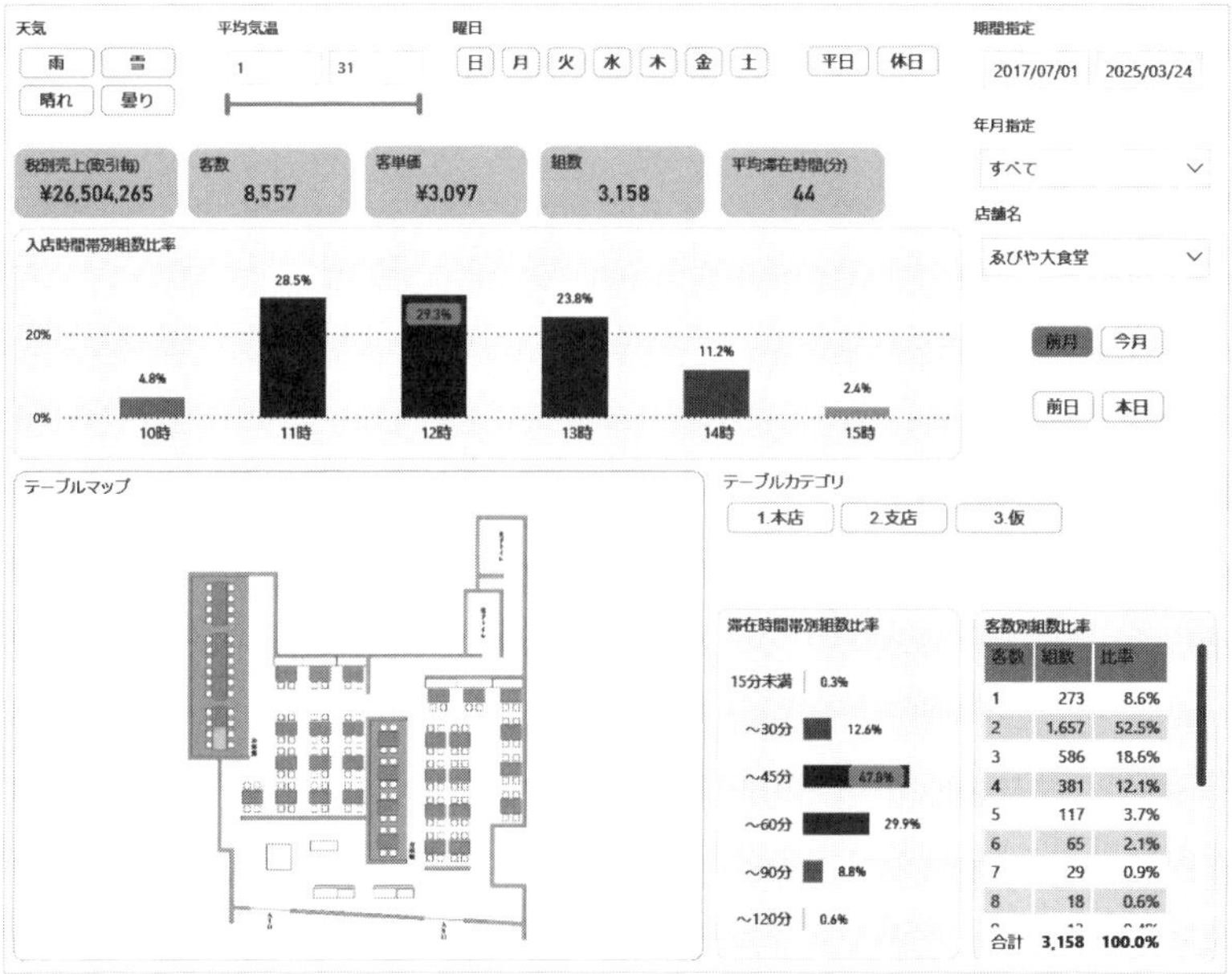
天気
雨
雪
晴れ
曇り
平均気温
1
31
曜日
日
月
火
水
木
金
土
平日
休日
期間指定
2017/07/01
2025/03/24
年月指定
すべて
店舗名
ゑびや大食堂
税別売上(取引毎)
¥26,504,265
客数
8,557
客単価
¥3,097
組数
3,158
平均滞在時間(分)
44
入店時間帯別組数比率
20%
0%
4.8%
28.5%
29.3%
23.8%
11.2%
2.4%
10時
11時
12時
13時
14時
15時
前月
今月
前日
本日
テーブルマップ
テーブルカテゴリ
1.本店
2.支店
3.仮
滞在時間帯別組数比率
15分未満 0.3%
～30分 12.6%
～45分 47.8%
～60分 29.9%
～90分 8.8%
～120分 0.6%
客数別組数比率
客数 組数 比率
1 273 8.6%
2 1,657 52.5%
3 586 18.6%
4 381 12.1%
5 117 3.7%
6 65 2.1%
7 29 0.9%
8 18 0.6%
合計 3,158 100.0%

前述のように、**何事もデータや数字をもとに考えれば、事業の成功確率を高めていくことが可能です。逆にデータを軽視すれば、経営にマイナスの影響を及ぼす意思決定をくり返す恐れがあります。**

なぜデータにこだわるか、本章の最後にお伝えします。

商売を山登りに例えて考えます。

山頂を目指すためには、山道の行程を把握することでしょう。いきなり高さも距離も道程もわからずに行くと事故につながりかねません。

山頂にたどり着いた人がどのような装備や準備をしたのか。自身の体力と照らして、高さや距離は挑戦して問題ないか。天候などの外部要因はどうか。道程が変化している兆候はないか。

それらもある種、データです。

山を登るならデータをつかみ、その山の傾向を知り、対策をした上で挑戦するのではないでしょうか。

商売も同様に、現状を正しく把握することが店舗経営の出発点であり、その手段がデータ活用なのです。

データ経営のサイクルを回し続ければ、「儲かるビジネス」へと着実に近づいていけます。私たちのように市場規模の小さい地方でも、成長が困難といわれる飲食業でも、売上と利益を拡大できたことがそれを証明しています。

どの企業や事業者にとっても、データこそが厳しい経営環境を生き抜くための強力な武器になるのです。

4章

生産性を高めた組織の現場

現場の戸惑いを、どう受け止めるか

会社の成長を共に願い、目標に向けて変化できるチームをつくる。

そのためには、リーダーが未来の姿を明確に描き、粘り強く伝えていくしかありません。

「はじめに」でお伝えの通り、これからは何をやってもうまくいかなくなる時代です。そのなかでも会社とメンバーを守るには、便利なデジタル化やデータ分析の導入などを使わない手はありません。それを職場で推進する必要がありました。

しかし、メンバーの立場になって考えれば、いくら「会社の生産性を上げるため」と説明しても、「今までのやり方を変えるなんて面倒くさい」と思うのは当然です。

その面倒くささを越えた先に、より働きやすい環境、よい待遇があることを示す。

そうすれば、経営層と現場が同じ目標を共有できます。

そこで、次のようなメッセージを自分の言葉で伝えていました。

「みなさんの給与を上げるために、もっと会社の利益を増やしたい」

「みなさんがきちんと休暇を取れるように、店舗のオペレーションを効率化したい」

当時は、朝礼で毎日のように伝えていました。

さらに、現場のメンバーに「この作業って面倒だよね」「手間がかかるよね」などと会話しながら、楽になる方法を提案して一つずつ実行していきました。

その結果、メンバーからの表立った反発はありませんでした。

なかには途中で辞めていった人もいます。

「新社長である私が性に合わない」といった理由があったようです。

その場合は、それまで店に貢献してくれたことへの感謝を伝え、去る者は追わずの精神で粛々と送り出しました。

「メンバーからの抵抗や反発を避けたい」と思うかもしれません。

ですが、**変わることをためらい、時代の変化に対応できないまま売上や利益が縮小し、メンバーに給与を払えなくなったりしたら本末転倒です。**

変化を恐れていては、ビジネスや事業において最善を目指すことはできません。

まさに、経営者やリーダーに求められる思考を表した言葉があります。

中国の古典『老子』の言葉、「**上善如水**」。

「最高の善とは水のようなものである」という意味の故事成語で、万物に利益を与えながらも他と争わず、自らは一つの形にこだわることなく柔軟に形を変えていく。そんな水の性質を表現した言葉です。

たとえ抵抗する人や去っていく人がいても、それは必要な変化であり、経営者として受け止める責任と覚悟を持たなければならない。

そうでなければ、環境変化の激しい時代に企業や事業を牽引することはできません。

仕事を減らした結果、従業員は……？

実際に、メンバーの待遇や働き方は大きく変わりました。

正社員の平均給与は、以前は月給20万円＋賞与10万円弱で、年間２８０万円ほどです。現在は**平均32万円＋賞与80万円なので、年間で４６０万円**くらいです。

給与は、１６０％アップしています。

働き方も12年前から大きく変化しています。

来客予測によって適正なシフトが組めるようになり、現場の仕事も自動化されたり、省力化されたりしたことで、メンバーが残業することはほぼなくなりました。

「ゑびや」で働くメンバーは、朝9時に出社し、夕方6時に退社するのが基本的なワークスタイルです。

伊勢神宮を参拝できるのは日中だけなので、食堂の営業時間は朝11時から夕方4時まで。発注や在庫管理などは自動化しているので、店を閉めた後は片付けや明日の仕込みの確認など最小限の仕事をこなせば、定時には帰れます。

観光客が増える連休や年末年始は、夕方6時以降もシフトに入ってもらいますが、この**例外を除けば食堂で働くメンバーの残業時間はゼロ**です。

加えてメンバーの**長期休暇取得率は100%**です。

年間の来客予測により、繁忙期や閑散期を見通せるので、来客数が少なくなる時期をメンバーと共有し、その中から希望の期間に長期休暇を取得してもらいます。

飲食や小売などのサービス業は、常に現場を回し続けなければいけないため、メンバーがなかなか長期の休みを取れないケースが多いものです。

でも、データを活用すれば、その課題もクリアできます。

さらに会社独自の「特別有給休暇」も設けています。

これは担当業務によって取得できる休暇日数に差をつけないための施策です。

現在は食堂以外の事業も展開しています。

飲食や物販などの店舗型ビジネスは、来客数が増える土日祝日に出勤してもらわなくてはいけません。一方、システム関連のビジネスに携わるメンバーは、一般の会社員と同様、土日祝日は休めます。

その結果、店舗で働くメンバーはシステム会社で働くメンバーより祝日分だけ休みが少なくなり、両者の休日数は年間でおよそ11日の差が生じます。

この差を解消するための制度が特別有給休暇で、店舗で働くメンバーは年間11日の有給休暇を取得できます。

さらに、本人が希望すれば、会社が買い取ることも可能です。「休みが増えるより、お金をもらいたい」といった場合も、柔軟に対応できます。

こうした取り組みにより、誰もが長期休暇を取りやすくなりました。

食堂で働くメンバーが2週間の連続休暇を取って海外旅行を楽しんだり、副業として別の仕事にトライしたりなど、それぞれに休みを満喫しています。

なぜ、このような働き方を実現できるか。

やはり、**メンバーの生産性が高い**からです。

私が入社した2012年の従業員数は、社員と常勤のパートを合わせて42名。2024年現在、新規事業も含めた「ゑびやグループ」で働く社員と常勤のパートは計47名です。12年前とほとんど変わっていません。

組織としては以前と同規模でビジネスを回していることになります。

なお、「はじめに」でも紹介した通り、2012年の売上は1億円、2024年の売上は約12億円です。従業員数はほぼ変わらないまま、12倍の売上を生み出す生産性の高い組織へと発展を遂げました。一人が10人分の仕事をしているようなものです。

人材難の時代に採用がうまくいく理由

若者は都市部への流出が激しく、地元企業は人材採用に苦労しているものです。

でも、「ゑびやグループ」では、若い世代も多く活躍しています。

採用がうまくいっている要因として考えられるのは次の通りです。


一つは、**給与水準が高い**こと。

働く人の立場になれば、収入が高いほど魅力的なのは当然です。生産性を高め、儲かるビジネスを実現することは、労働人口が減少する時代に働き手を確保するための必須条件と言えます。


そしてもう一つは、後ほど紹介しますが、「**クレド（信条）**」の存在です。

私たちは求人広告にもクレドを掲載し、お互いを尊重し合う組織文化があることを伝えています。採用面接でも、その内容に惹かれて応募したと話す人がいます。

応募者のなかには、これまで社会にうまく馴染めなかったり、以前勤めていた職場でつらい経験をしたりした人も少なくありません。

だからこそクレドに共感し、「この会社で働きたい」と思ってくれるのでしょう。

「社会に馴染めない人を採用して大丈夫なのか」と思うかもしれません。

私は大歓迎です。人間関係で苦労してきたからこそ、他人をむやみに傷つけたりせず、周囲に対して思いやりをもてる人が多いからです。

むしろ自分の優秀さをアピールして、「自分に改革を任せてくれたら絶対に成功させます！」と言い切るようなタイプは、私たちの組織にはあまり馴染みません。「自分ならできる」という思いが「他人にはできない」という否定につながり、周囲を蹴落としてでも成果を出そうとする人が多いためです。

採用するときは、労働条件の通知書にも「悪口を言わない」「人をいじめない」といった条項を設けています。

もしそのような振る舞いがあった場合は、どんなに高い成果を出していても関係ありません。厳しく評価しています。

徹底して行動指針の共有と浸透を図ることが、帰属意識の高い組織づくりにつながっています。

「シングルマザー」であることは、仕事のハンデにならない

私たちの会社は、女性が多いのも特徴です。

常勤の従業員のうち85％が女性。役員は女性3名、男性は私を入れて2名です。

メンバーの中には、子育て中の女性やシングルマザーもいます。

お子さんが小さいうちは、働く時間に制限があったり、子どもの急な発熱で仕事を休まざるを得なかったりすることもあります。

ですが、それはハンデになりません。

最小限の人数で仕事を回せる仕組みがあるため、誰か一人が急に休むことになっても、他の人たちで十分カバーできます。

また、時短で働いたり、週4日勤務にしたりと、働き方を変えることも可能です。

これは子育て中かどうかにかかわらず、希望があれば会社が相談に応じます。

なかには、週4日は食堂で働き、他の日は副業でスポーツインストラクターをしているメンバーもいます。

昨今は、出産後も女性が働き続けるのは当たり前になりつつあります。

しかしながら子育て中の女性は採用されにくかったり、採用されたとしても非正規雇用だったりと、不利な扱いをされる傾向が見られます。

「子育て中だからパートでしか採用しない」といった区別をせず、むしろ実力があれば「正社員になりませんか」と積極的に勧めています。

実際にパートとして入社したのち、正社員へ転換し、現在は執行役員を務めているシングルマザーの女性もいます。彼女にはそれだけの実力があったということです。

結局、メンバーが本来持つ力を発揮できるかどうかは経営者の考え方次第です。

「小さな子どもがいる女性が正社員として働くのは難しい」などと決めつけてしまったら、**本当ならもっと活躍できる人材を埋もれさせることになります**。

組織の生産性を高めたいなら、まずは経営者自身が、働くことに対する概念や価値観を変えていく必要があります。

目指すのは帰属意識の高い組織

「現場と目線を合わせた組織づくり」を実践するなかで特に注力してきたことがあります。

それは「帰属意識の高い組織」をつくることです。

メンバーが毎日気持ちよく働き、「明日もこの職場に来たい」と思ってくれる。そんな会社にしたいと考えました。

いくらデータ分析で付加価値の高いサービスや商品をつくっても、それだけでは意味がありません。

お客様に価値の高いものを提供する。

それには、「仕上げる調理」や「心地よい接客」など、現場でしか提供できない付加価値がたくさんあります。


では、調理や接客のクオリティを高めるには何が必要か。

その答えは、**メンバーが「居心地の良い状態」「心理的に安定している状態」（コンフォートゾーン）で仕事に取り組むこと**だと考えています。

メンバー自身が楽しく前向きな気持ちで働いていれば、「お客様にもっとおいしい料理を味わってもらいたい」「お客様にもっと心地よく過ごして欲しい」といった意欲が自然と湧いて、仕事のクオリティは向上します。

その結果、一人あたりが生み出す価値が向上します。


コンフォートゾーンで仕事をしてもらうには、給与を上げたり、待遇を改善することも必要ですが、それだけでは不十分です。

いくら給与が高くても、出社するのが嫌になる職場環境だったら、「こんな会社の

ために がんばりたくない」と思うでしょう。
メンバーに気持ちよく働いてもらう。それが経営者の務めです。

「明日も来たい」と思える職場づくり

そもそも帰属意識の高い組織とはどのような状態か。

私は「自分の存在を認め、肯定してくれる仲間がいること」だと考えています。

明日も来たいと思える職場とは、**「明日も笑顔で迎えてくれる人たちがいると思える職場」**です。

自分を認めてくれる人がいると、会社のために役に立ちたいとの思いがエネルギーとなり、仕事でも大きな力を発揮してくれます。

反対に、自分を否定したり、攻撃したりする人が職場にいたら、力を発揮するどころか、働く意欲すら失いかねません。

最近は人間関係の悩みでメンタルを病んでしまう。その原因の大半が直属の上司や同じ部署の同僚など、ごく狭い範囲の相手とのトラブルだったりします。

だからこそ「いかに組織内で人間関係の摩擦を起こさないか」を強く意識しています。

私たちが実践している帰属意識を高める施策を4つ紹介します。

帰属意識を高める施策1 クレド

帰属意識を高める施策のひとつが「クレド」です。

これはメンバーが心がけるべき行動指針を示したものです。外資系企業ではよく見られますが、地方の中小企業でクレドを掲げるのは珍しいかもしれません。

私たちのクレドに記されているのは、例えば次の通りです。

- ◆悪口は言わない
- ◆人をいじめない
- ◆誰も排除しない
- ◆思いやりの心

人として当たり前のことばかりだと思えるかもしれません。

しかし、世の中の多くの職場でパワハラやいじめが起こっているのが現実です。

だからこそ社内では真面目に伝え続けています。

組織に浸透させるために以前は「善い人間であるには――」「社会人としてあるべき姿とは――」といった話を、**毎日のように朝礼で語りかけていました**。

経営理念や行動指針といった抽象的な概念は、一朝一夕では組織に根付きません。

自分たちはどのような理念や価値観を大事にする組織をつくろうとしているのか。

それを粘り強く伝えていくのもリーダーの重要な役割です。

―帰属意識を高める施策2― ゲーム

帰属意識を高めるため、他にもさまざまな工夫や仕掛けをしています。

チームビルディングの研修で用いられるゲームを、閉店後のミーティングなどに取り入れているのもその一例です。

「ヘリウムリング」というのを聞いたことはあるでしょうか。

これは数名で取り組みます。各人がフラフープを人差し指に乗せ、指から離れないようにしてフラフープを地面につけるゲームです。取り組むと意外と難しく、フラフープを下げるはずが、むしろ上がるということも起こるのです。

他には、「ペーパータワー」というゲームも行いました。

方法はシンプルです。紙（A４用紙）を使い、制限時間内にできるだけ高いタワーをつくることを目指します。紙は折っても切っても構いません。チーム分けして競い合います。

こちらもやってみると、意外と難しいのです。チーム内で方針を決めるコミュニケーションをとる、協力して組み立てる、失敗したときの声掛けをするなど、チームワークが試されます。

このようなゲームを通して、メンバーにチームワークの重要性を体感してもらいます。

営業終了後に行った「ペーパータワー」。協力して順調に進んでいるチーム。

—帰属意識を高める施策3— チャット

メンバーがチャット上でお互いの行動に「ありがとう」と送り合う場を設けています。Slackというチャットアプリに、**「ピアボーナス」というチャンネル**があります（次ページ参照）。

そこには、拍手のアイコンとともに「いつも助けてくれてありがとう！」「さすがの対応力に感動です」といった仲間への感謝や賞賛の言葉がずらりと並びます。

メンバー同士のそういった様子を見るのは嬉しくなるものではないでしょうか。少なくとも私は嬉しくなります。

もらった拍手はポイントとして換算され、コーヒーチケットやマッサージ券などに交換できます。これもお互いを認め合う文化を根づかせる工夫です。

—帰属意識を高める施策4— イベント

メンバー同士が交流を深めるイベントも定期的に行っています。

バーベキューをしたり、クリスマスパーティを開いたりと、季節ごとに楽しめる場

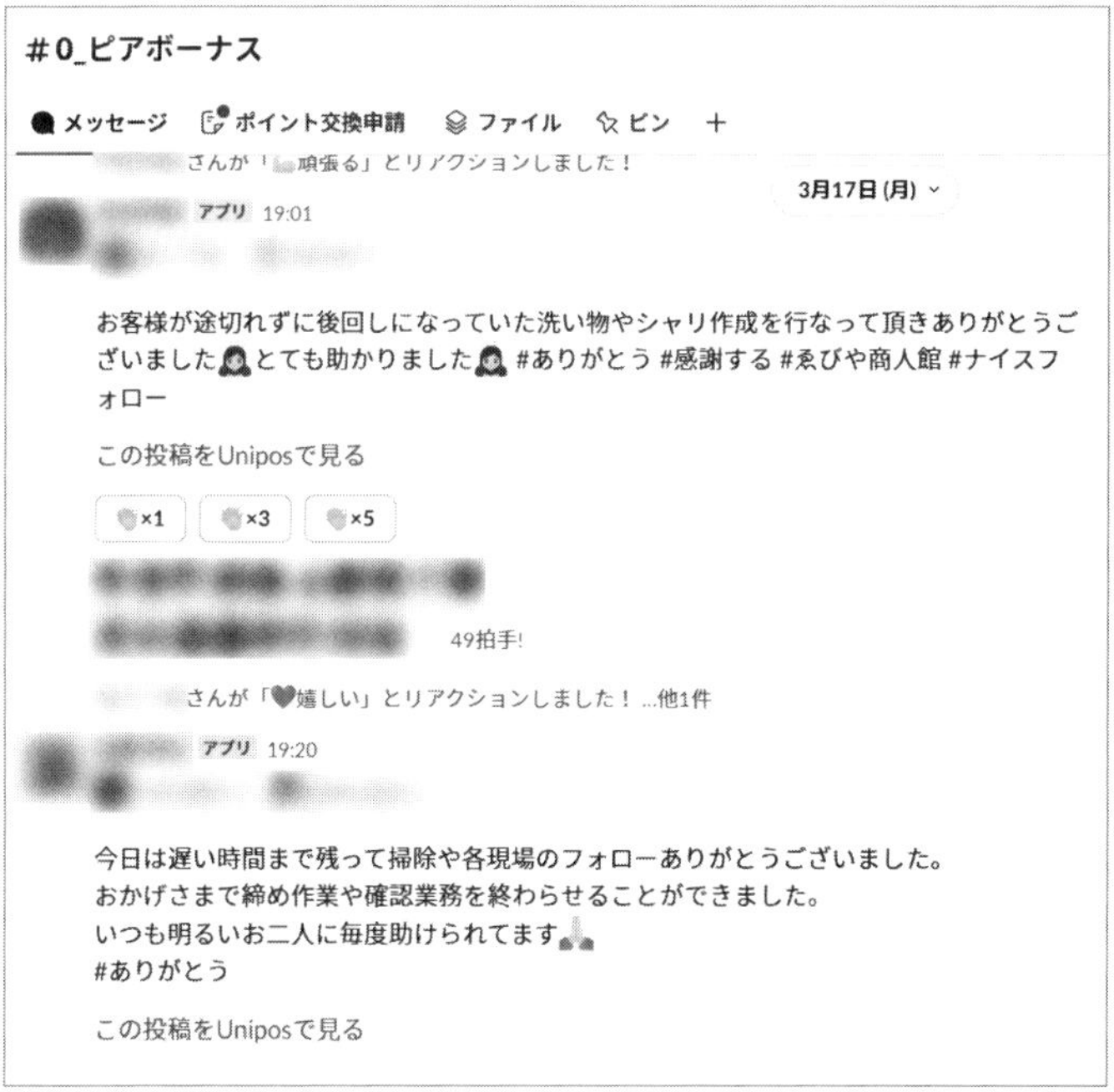
#0_ピアボーナス
メッセージ
ポイント交換申請
ファイル
ピン
さんが「頑張る」とリアクションしました！
3月17日 (月)
アプリ 19:01
お客様が途切れずに後回しになっていた洗い物やシャリ作成を行なって頂きありがとうございました とても助かりました #ありがとう #感謝する #ゑびや商人館 #ナイスフォロー
この投稿をUniposで見る
×1
×3
×5
49拍手!
さんが「嬉しい」とリアクションしました！ ...他1件
アプリ 19:20
今日は遅い時間まで残って掃除や各現場のフォローありがとうございました。
おかげさまで締め作業や確認業務を終わらせることができました。
いつも明るいお二人に毎度助けられてます
#ありがとう
この投稿をUniposで見る

をつくり、メンバーだけでなく、その家族や友人も集まって楽しい時間を過ごします。

働き方を変えても「連帯感」は取り戻せ

デジタル化やデータ分析などの話をすると、なかには合理的でドライな職場をイメージする人もいるようです。

しかし、目指しているのはその真逆をいく組織です。

今では「お互いを認め、肯定する組織」になりつつあると感じています。

かつての日本企業は帰属意識の高い組織づくりを重視し、人を大事にする経営が行われてきました。帰属意識の高さは、成長を支えた原動力だったはずです。

しかし、バブル崩壊以降、企業は合理化を優先し、人のつながりや連帯感を重んじる組織文化は失われていきました。

もともと日本は「地域の人達とのつながりが強い」「災害発生時にも助け合う」「農業では他の人が困っていたら助け合う」といった自助共助の文化だったのではないでしょうか。

私はあえて**古きよき時代の日本企業にならった組織設計を意識**しています。

最近はＤＸ推進やＡＩ活用が盛んに叫ばれ、企業の経営者も「デジタル化さえ進めれば経営はうまくいく」と思いがちです。

しかし、それはあくまで経営の一要素です。

それだけが突出しても商売や事業は回りません。

なかでも「人」は、これから生産年齢人口が減っていく日本において、ますます貴重になっていきます。

そのことをどの経営者もあらためて肝に銘じるべきではないでしょうか。

いなくても現場は回るなら、経営者は何をする？

現場の働き方が変わったことはすでに紹介しましたが、経営者である私自身の時間の使い方も大きく変わりました。

「ゑびや」は年中無休で営業していますが、私は1年のうち150日は日本各地を飛び回り、40日から50日は海外に滞在する生活を送っています。

たとえ海外にいたとしても、店舗の来客数や売上などのデータはリアルタイムで共有できますし、現場のメンバーともチャットでコミュニケーションしたり、オンラインでミーティングできたりします。日本を長く離れても心配ありません。

地球上のどこにいても、ホテルの部屋をオフィス代わりに仕事ができます。

これも経営者なしで現場が回る仕組みがあるからです。

国内のさまざまな場所に足を運ぶのは、**新規事業の立ち上げや新たなビジネスへの参入を目指すために、情報収集や人脈づくりなどを積極的に行っている**ためです。

また、最近は講演の依頼が増え、デジタル＆データ経営で会社を変革した体験を話しています。

海外では、各国の経済やビジネスについてリサーチしたり、現地の人たちにヒアリングしたりして、レポートにまとめています。これは十代のころから行っており、気になることがあれば現地へ足を運ぶのが習慣でした。いわば私にとってライフワークです。

最近ではエジプトやトルコに滞在し、通貨安の国における経済の実態を調査しました。

エジプト・ポンドやトルコリラは大幅な下落が続いていたため、人々の仕事や生活にどのような影響があるか。これらを知ることで円安が続く日本の未来を見通す材料になると考えたからです。

海外へ行くのは仕事のためというだけではありません。

遊びや趣味で楽しんでいるように見えることも、最終的には商売につながっています。

むしろ、仕事とプライベートの線引きはあまりないような気がします。

例えば、私は釣りが好きで、海外でもよく楽しみます。

世界の海を回るうちにあるアイデアが膨らみました。

「魚釣りのスタンプラリー帳をつくって販売したら、釣り愛好家に喜ばれるんじゃないか」といったものです。これが、ゆくゆくは新事業の種になるかもしれません。


また、実は釣りはセルフブランディングにも役立っています。

ビジネスの世界でつながりを増やすために複数のＳＮＳを使っていますが、魚釣りの話題は企業経営者からの反応がよいのです。それこそ、巨大魚を釣り上げた写真を投稿したときなどは大きな反響があります。実際にお会いしたときにも話題に上がったりします。

講演やメディア露出だけでなく、「釣り」によってより認知度を高めることができるのです。

それがきっかけで、さらに講演を依頼されたり、会社の顧問になって欲しいと頼まれたりと、仕事につながることも多々あります。

それに、私があえて楽しんでいる写真を投稿することで、「経営者がいなくても本当に会社は回るんだな」と実感してもらえる効果もあるようです。

経営のやり方にはいろいろありますが、**「やらなくていいこと」を見つければ自分自身の知見を広げ、新しいアイデアの原石を見つけることができる**のではないかと思っています。

仕事を減らして生産性を高め、現場のメンバーも経営者も時間と心にゆとりを持つ。

そうすることで会社を発展させ、自分自身の人生も楽しむことができる。

そのことを証明し続けたいと思っています。

5章

これまでの事業領域を変える

老舗の「赤福」は、変わり続けてきた

「恵まれた立地の老舗食堂を継いだのだから、無理に変わろうとしなくてもいいのに」

さまざまな取り組みをしているとき、こう言われたことがあります。

特に経営を継いだ２０１２年ごろ、式年遷宮の効果により、観光客が大幅に増加したとき、おそらく地元で商売を営む人たちは「今でも十分稼げるのに、何を変える必要があるのか？」と不思議に思ったことでしょう。

でも、私にとっては変わらないことのほうが恐怖です。

現状に甘んじていたら、いつか大きな変化が起こったとき商売が立ち行かなくなるかもしれない。それを想像すると恐ろしくなりませんか。

だから、常に先の先を考え、「そのとき」に備える。

事業の多角化も、私にとっては攻めの戦略ではなく、守りの戦略という位置付けです。

老舗の事業、商売を承継した人は、「長く続いてきた伝統を変えていいのだろうか」とためらうかもしれません。

しかし、実は老舗こそ変化を続けてきたことが調べるとわかると思います。

誰もが知る伊勢の老舗といえば、１７０７年創業の「赤福」でしょう。看板商品の「赤福餅」は伊勢参りのお土産として定番ですが、それだけで続いてきたわけではありません。

◆１９６１年には、海水浴客向けにかき氷を考案し「赤福氷」を発売
◆１９７８年には、毎月一日の早朝に伊勢へお参りする風習に合わせて「朔日餅」を売り出し、人気商品となる
◆１９９３年には、観光客数の低迷に危機感を持った当時の社長が、伝統的な街並

みを再現した「おかげ横丁」を門前町の一画にオープン。地元に新たな賑わいを呼び込んだ

老舗は変化しないから長く続いてきたのではなく、変化し続けてきたから長く生き残ってきたのです。

常に「今のままではいけない」と危機感を持ち、変わり続ける市場環境や顧客ニーズをいち早く捉え、模索と進化をくり返してきた。

だから、現在まで存続してきたのだと思います。

事業領域を、どう広げるか

私が経営を継いだ当初から「伊勢神宮に依存したビジネス」からの脱却を考えてきました。その計画通り、この12年間で着々と新規事業を開発し、事業の多角化を進め

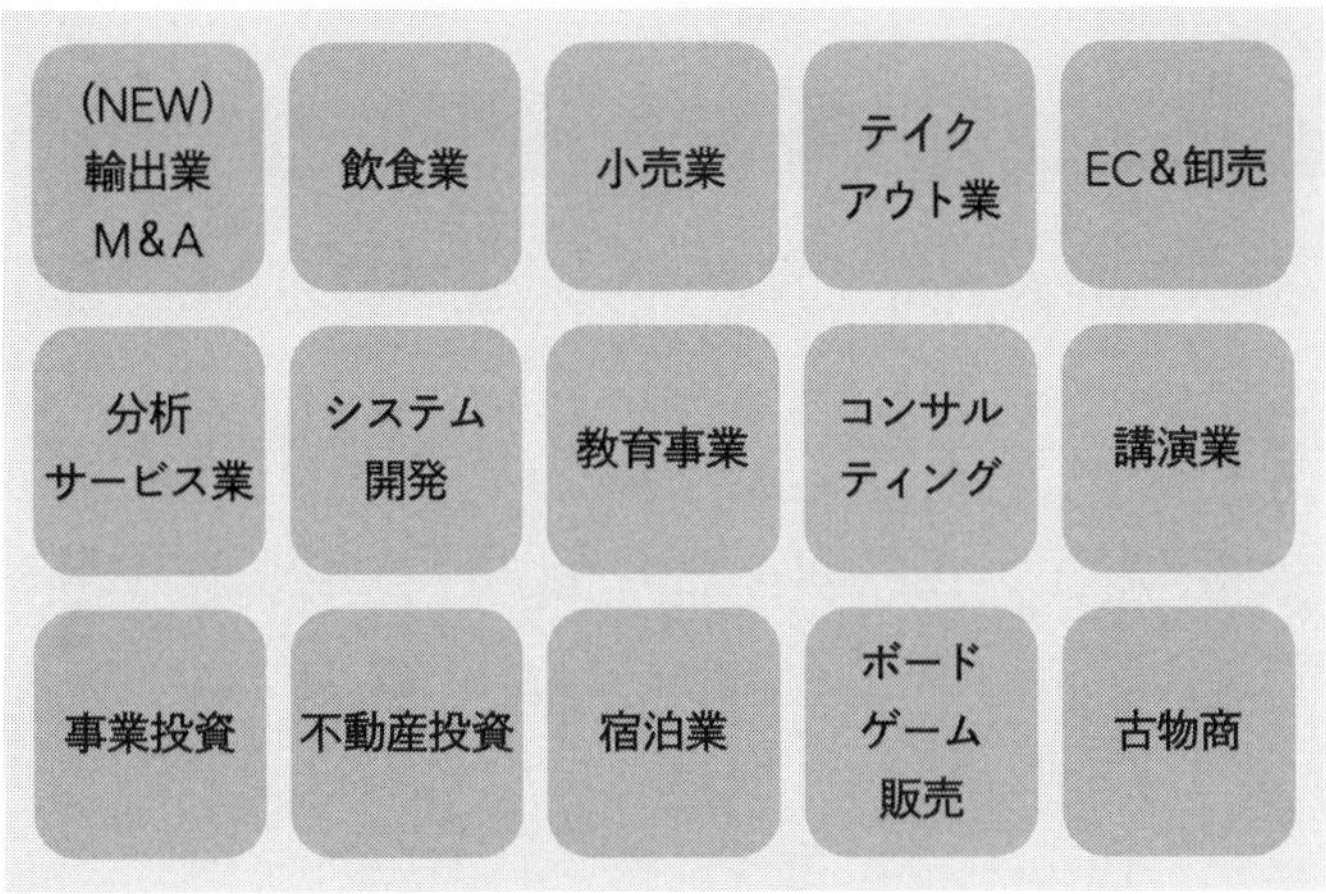

ゑびやグループは様々な事業を展開

てきました。

今では「小売業」や「テイクアウト業」「EC事業」「卸売業」「システム開発」「コンサルティング」「教育事業」「事業投資」など、幅広く展開しています。

グループ全体の売上に占める飲食業の割合は25%ほどで、他の事業の売上比率が拡大しています。

一見すると関連性のない事業が並んでいるように思えるかもしれませんが、実はすべての事業がつながっています。ただし、それにはいくつかのレイヤーがあります。

―多事業化戦略１―　小売業

まずは食堂に来店したお客様にプラスアルファでお金を使っていただく方法がないかと考えました。その結果、帰りにお土産を買ってもらうという発想が生まれたのです。

そこで食堂の隣に土産物店の「ゑびや商店」をオープンしました。初の新規事業です。

食堂を利用した人は割引価格で商品を購入できるクーポンを配るなどして、土産物店へ誘導し、物販の売上を伸ばしていきました。

―多事業化戦略２―　テイクアウト業

食堂の客単価を上げて高級路線へのシフトを進めたことにより、低価格帯商品を求める客層が離れていくことが予想されます。

そちらのニーズには別業態で対応しようと考えました。

土産物店の前に屋台を新設したり、テイクアウト専門の「ゑびや商人館」をオープンしたりして、手頃な価格の食べ歩き用商品の販売を強化しました。

—多事業化戦略3— EC&卸売業

土産物を販売するEC事業と卸売業を始めたのは、利益率を高めるためです。外部に商品の製造を依頼し、仕入れをして販売すると、一般的に仕入れでは6掛け、委託では7~8掛けと言われます。

つまり、販売商品が1000円であれば、仕入れ代金は600円、委託商品（店舗に商品を置いて販売）の場合は、売れたら750円を製造元にお支払いするという仕組みです。賞味期限のリスクは負いません。

ですが、自社開発して製造を依頼する（OEM）では、原価が5掛け前後。

それならばと思い、オリジナルの土産物やギフト商品をつくることにしました。

また、開発コストを下げるには一定のロット数を製造する必要があり、自店舗だけではつくった商品を販売しきれません。

そこで地元のホテルや旅館などに、自社開発した商品を販売することにした、というのがEC&卸売業を立ち上げた経緯です。

ここまでが一つめのレイヤーで、もとをたどれば飲食業から派生したものです。**店舗型ビジネスの売上や利益を増やすための事業群**と言えます。

二つめのレイヤーは、新たなビジネスチャンスを捉えることで生まれた事業群です。私たちが省力化や高付加価値化を実現できたのだから、同じような**課題を抱える会社にも独自のシステムを使ってもらいたい**と考えました。

―多事業化戦略４― 分析サービス業

「来客予測」や「画像解析」の仕組みをプロダクト化した「TOUCH POINT BI」の販売を開始しました。

データ分析サービスという新たな事業が生まれ、これまでの店舗型ビジネスとはまったく異なる事業領域への一歩を踏み出しました。

同時にこの事業を手がける「株式会社ＥＢＩＬＡＢ」も設立しました。

―多事業化戦略５― システム開発事業

当初は「ゑびや」と同業の事業者向けにサービスを提供していました。

そのうちに小売店や飲食業以外のサービス業からも「自分たちにも使えるツールをつくってもらえないか」という依頼をいただくようになります。

このニーズを受け、クライアントの業種や業態に合わせて、オリジナルのデータ分析基盤を構築する「システム開発事業」に進出しました。

―多事業化戦略6― 教育事業とコンサルティング業・講演業

今度はクライアントから「データ分析の結果を具体的な施策やアクションにどう活かせばいいか」と相談されることが増えました。

私たちの実体験をもとに、商品開発や店舗のオペレーション改善などのノウハウを提供する企業向けの研修を手がけるようになり、「教育事業」がスタートしました。

2022年からは、社会人教育を推進する三重大学リカレント教育センターで、デジタル人材を育成する教育プログラムを実施しています。

さらには企業から「経営改革や新規事業の立ち上げについて提案や支援をして欲し

い」と依頼される機会が増え、「コンサルティング業」も始めました。

また、「会社を変革するまでのストーリーを聞きたい」と声が掛かるようになり、さまざまな企業や団体、学校などで講演を行っています。

なお、「ゑびや」の見学と研修や講演をセットにした「ゑびやツアー」も好評で、これまでに多くの経営者やビジネスパーソンが参加しています。

日本だけでなく、中国やインドネシア、アメリカなど海外からの参加もあり、「DXを成し遂げた食堂」という世界でも珍しい事例に興味を持つ人が多いことを実感しています。

ちなみに、教育事業から新たに生まれた事業として「ボードゲーム販売」があります。

企業研修や大学で教える際、「商売や改革のプロセスをゲーム感覚で楽しく学べる教材」という発想から開発したものです。

こうして私たちがデジタル&データ経営を実践するなかで培った知見やノウハウを水平展開した結果、新たな事業へと次々につながっていきました。

多事業化戦略7　ファイナンス事業

事業領域が拡大し、ゑびやグループとしての売上が順調に伸びていくと、新たに考えなくてはいけない問題が出てきます。

「どうすれば、お金を有効活用できるか」です。

これからの時代、原材料費と人件費が高騰していくのは明らかなのに、手元にあるお金をただ寝かせておくわけにはいきません。

そこで将来性のある企業に投資したり、不動産投資をしたりと「ファイナンス事業」も行っています。

なぜ始めたのか。

まずは、原材料の高騰は通貨安、円安ドル高が一番の問題。「エネルギー価格の上昇」と「為替の下落」のダブルパンチを私たちはここ数年受け続けています。

そもそも、日本円を持っていること自体がリスクと考えられます。

なぜならただ持っているだけで、他国の通貨と比較すると下がり続けているからです。つまり、価値が下がっている資産を保有しているわけです。

とはいえ、かつてドル円が120円弱だったので、あまり危機感はなかったと思います。


そんなとき、驚くべきことが起こりました。

2020年のコロナショックです。

なんと世界の国債が0%で横並びになったのです。

日本はゼロ金利やマイナス金利がずっと続いていましたが、まさかアメリカを含む多くの先進国が「ゼロ金利」、または「マイナス金利」になるとは想像していませんでした。

先進国の国債金利が横並びになり、各国の通貨をフラットで金利差なく買える機会だったのです。

ただし、このゼロ金利は必ず終焉する。早ければ半年、遅くとも1年半だとイメージしていました。

さらに、先進国はゼロ金利を終了するが、日本は終了しないのではないかと考えました。

なぜなら、コロナ前からゼロ金利だからです。

今後、欧米が金利を上げて、金利差が生まれたら、通貨の理論として必ず国債金利の低い国と高い国では通貨変動が起こります。

そうであれば、今ドルを買ってもほぼリスクがないということになります。

このときに私の意思決定は資金の一部をドルに換えました。

そして、格付けが高い有名企業の利付債や米国債を購入し、保有する選択をしました。

日本経済は欧米より長くコロナ禍の影響が尾を引き、欧米はそれよりも早く回復しました。実は、私はそのころコロナ期間中に欧州をまわっていたため、そのことを肌で感じていました。

結果は国債金利が上昇し、為替は円安に動きました。債権単価は下落したので、為替差益は債券単価下落でトントン。

ただ、利金が年間4％～5％入る金融商品を保持していましたので、数千万円の営業外収益を計上できました。

また、この利金でスタートアップ企業への投資といったことも積極的に行い、自社とシナジーを生み出す企業とより深い関係を築いています。

例えば、2章で紹介した「在庫やドリンクバーの管理」で活用しているスマートマットを手がける会社も、それに当たります。

多事業化戦略8 輸出業

直近では、ゑびやグループ初のM＆Aを行い、「輸出業」を手がける企業を買収しました。目的は外貨を獲得できる事業を経営のポートフォリオに加えることです。

世界全体の人口が増加する中、人口減少が進む日本の国力は相対的に低下していきます。通貨の価値は国力に比例するので残念ながら今後も円安の流れは続くでしょう。

その対策として海外のマーケットでドルを稼げる事業がグループに加われば、通貨安に負けない強固な収益基盤の確立につながります。
M&Aで取得した企業は、日本の玩具を海外に輸出する事業を手掛けており、私たちが望む条件に合致していました。

以上により、**「伊勢神宮で稼ぐ店舗型ビジネス」「全国の顧客からECやシステム開発で利益を上げるビジネス」「海外で外貨を獲得するビジネス」の三本柱が立ち、グループ全体としてバランスの取れたポートフォリオになりつつあります。**

また、経営を継いだ当初から目指していた「場所に依存したビジネスモデルからの脱却」も着実に進んでいます。

実績も知名度もない新規事業を、どう立ち上げるか

事業領域を広げたプロセスを紹介しましたが、新規事業を立ち上げても、「知名度

がない」「宣伝や販促のリソースやノウハウがない」といった理由から、なかなか収益化できないことが多いものです。

知名度がないなら、上げる方法を考える。
あるいは、リソースやノウハウがないなら、外部の力を借りればいいと考える。
まずは「今の自分たちにできることが必ずある」という前提に立って考えます。
すると、壁を乗り越える知恵やアイデアが湧いてくるものです。

なかでも「データ分析サービス」と「システム開発事業」への進出は大きな転機でした。
これにより「効率性向上」「付加価値向上」に続き、「成長率の高い市場に参入し、新たなビジネスモデルを構築する」という生産性向上に必要な三つめの戦略を本格化させる契機になりました。

実は自社開発したシステムを販売する構想は早い段階からありました。

ですが、知名度のない小さな食堂が開発者では、とても売れるとは思えません。そこでビジネスとして成立させるには、ネームバリューがあって宣伝や販促に長けた企業と組む必要があると考えました。

誰とパートナーシップを結ぶべきかを熟慮した結果、マイクロソフトが提供する「Microsoft Azure」を選んだわけですが、そこには私なりの戦略がありました。

ポイントは、当時は外資系のＩＴ企業が日本国内でパブリッククラウドサービスの提供に注力し始め、各社が競い合ってプロモーションを展開していたことです。

前述の通り、当時サービス業のＤＸ事例として注目を集めていたのが、神奈川県にある旅館「元湯 陣屋」でした。陣屋が使っていたのはマイクロソフトの競合企業が提供するサービスです。

それならばマイクロソフトと手を組み、ＤＸの成功事例になれば、「東の陣屋」に対する「西のゑびや」というわかりやすい構図ができる。するとマイクロソフトも私たちの取り組みをＰＲしやすくなるのではないかと考えたのです。

幸いにも読みが当たり、「TOUCH POINT BI」のリリース後は、国内外のテック系イベントやカンファレンスで私たちのデータ活用について紹介してもらいました。

さらに、日本マイクロソフトのYouTube公式チャンネルでも紹介動画を配信するなど、さまざまな形で情報を発信していただきました。

その結果、「世界一ＩＴ化された食堂」としてブランディングされ、ＥＢＩＬＡＢが提供するサービスの認知度向上につながったのです。

これまでに「TOUCH POINT BI」の導入企業は２００社を超え、データ分析サービスは客席を持たないテイクアウト店から複合施設まで、規模の大小を問わずあらゆるジャンルの店舗で活用されています。

また、システム開発や支援事業では、大手ビールメーカーやディベロッパーの案件を手がけたり、国や地方自治体のプロジェクトに参画したりと、クライアントの幅が大きく広がっています。

ブルーオーシャンを狙え

新規事業の成長戦略を策定するさいに欠かせないのが、ターゲット市場の選定です。どの領域で、誰に対してサービスを提供するのか。それを見極めることが事業開発のスタートになります。

「TOUCH POINT BI」は、ＳａａＳ（Software as a Service）と呼ばれる種類のサービスに該当します。

そこでＳａａＳ市場をターゲットごとに「大企業向け／中小企業向け」「サービス業向け／非サービス業向け」のマトリクスで分類してみました。

多くのサービス提供者が狙うのは、大きな売上を期待できる「大企業かつ非サービス業」です。その代わり競合も多くなるので、マーケットに新規参入しても競争優位性を築くのは難しいと予想されます。

競合の少ないブルーオーシャンを狙うなら「中小企業かつサービス業」になります。

しかし、この分類ではまだざっくりしすぎています。


そこでこの市場を「首都圏／地方」「飲食業／その他」のマトリクスでさらに細かく分類しました（次ページ参照）。

この中で最も競合が少ないのは「地方かつ飲食業」でしょう。

なぜならこのマーケットを相手にしても儲からないと思われているからです。

「地方の中小企業は生産性が低く、なかでも飲食業は収益性が低い」という見方が一般的であることをよく理解しています。そんな相手にサービスを提供しても、売上や利益にならないとの結論になるはずです。

だからこそあえてこの市場をターゲットにしようと決めました。

儲からないのが常識とされている市場で儲かるビジネスを実現できたら、希少な成功事例として注目が集まると踏んだのです。

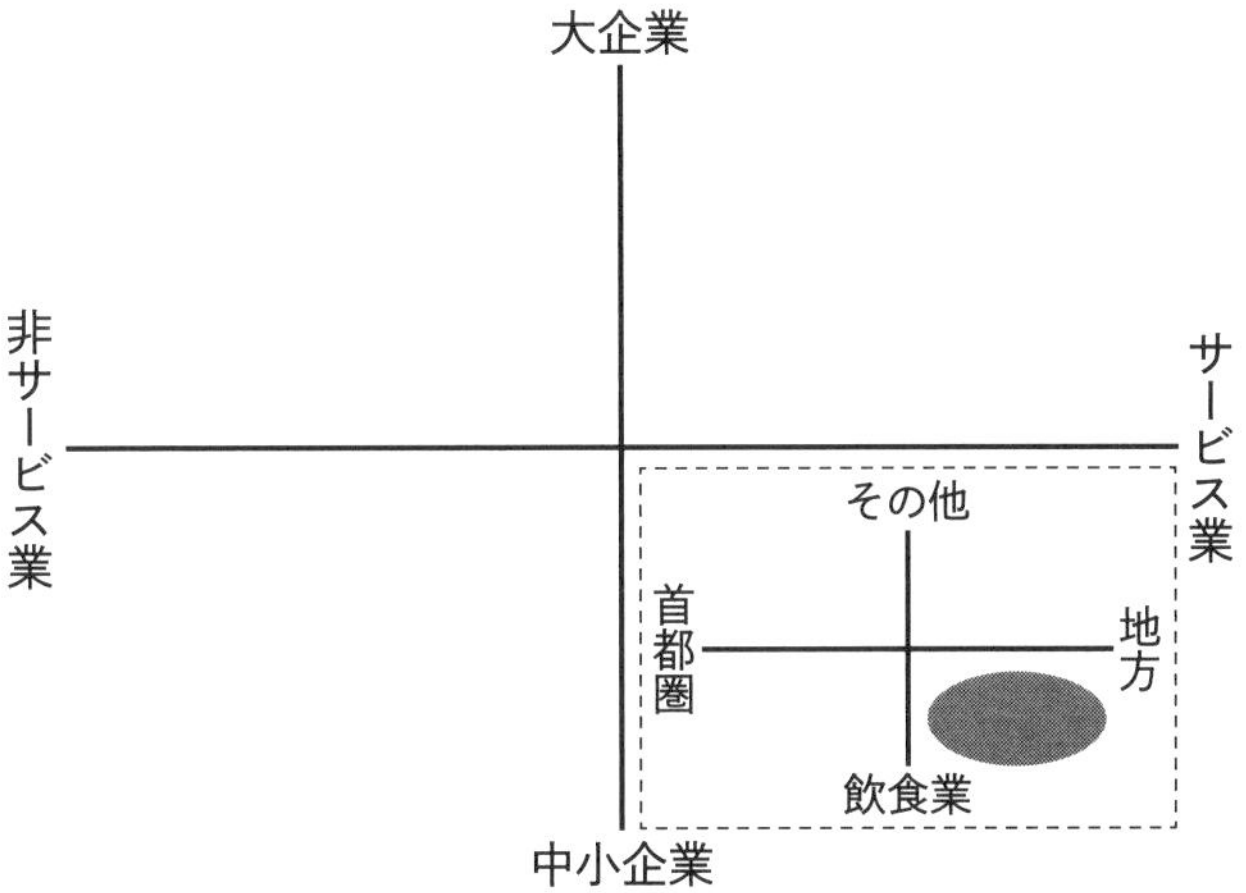

　しかも近年は国が地方創生を掲げ、地方の中小企業をいかに成長させるかが重要課題となっています。そのテーマに真っ向から取り組んでいる私たちがシステムを自社開発して売上や利益を伸ばせばメディアが取り上げるだけのニュースバリューもあるはずです。

　そして、全国放送のテレビ番組や全国紙で「ゑびや」の事例が紹介されれば、首都圏に拠点を置く大企業の経営層やDX担当者の目に触れる機会も増えます。

　デジタル後進国と呼ばれる日本では、大企業でさえデジタル活用による変革がなかなか進まないのが現状です。そのなかで地方の小さな食堂がDXに成功したと聞けば、大企業も私たちが開発したシステムやサービスに興味を持つのではないかと考えました。

つまり、新規事業の立ち上げ当初は「地方かつ飲食業」をターゲットとし、競合が少ない市場で圧倒的に優位なポジションに立つ。

これによりその先に「首都圏かつ飲食業以外」や「大企業かつサービス業」「大企業かつ非サービス業」の顧客獲得が可能になる。

ここまで先を見据えて事業の戦略を描くわけです。

そうして「TOUCH POINT BI」のプロダクト化と新会社のEBILAB設立を実行しました。

現在のところ、当初の見通しに沿ってターゲットの領域が拡大し、地方だけでなく首都圏の大企業や行政などにも私たちのサービスを導入していただいています。

クライアントを獲得するための営業活動はほとんど行っていません。

代わりにメディアへの露出を増やすため、地方創生やDX関連の賞があれば積極的に応募し、これまでに「日本サービス大賞　地方創生大臣賞」「船井財団グレートカンパニーアワード　ユニークビジネスモデル」などを受賞しています。

経済産業省の資料やウェブサイトにも、中小企業のDX事例としてたびたび紹介されており、国が認めた取り組みとしてEBILABの信頼度向上にもつながっています。

なお、2018年には、マイクロソフトから「Microsoft MVP（AI部門）」を表彰されました。

その後も5回連続で表彰いただいています。

こうしたトピックをつくることで、メディアで取り上げられる機会も増え、そのPR効果で新規の顧客が拡大する流れが確立しています。

事業領域の拡大で、従業員のキャリアが広がる

新規事業開発による成果は、利益の拡大だけではありません。

メンバーのキャリアチェンジやスキル開発にもつながっています。

もともとは食堂を営む会社だったので、当然ながらデータ分析やシステム開発ができる人は社内に一人もいませんでした。私も含めた未経験者がいちから勉強し、研究しながら来客予測システムやデータ分析の仕組みをつくり上げていったのです。

例えば、ＥＢＩＬＡＢのＣＩＯ（最高情報責任者）を務めているのは、「ゑびや」の店長だった男性で、ＩＴ関連のスキルといえばエクセルが使えるくらいでした。

それが一緒にデータベースの構築に携わることになり、来客予測システムの開発を

リードし、今では開発部門のトップとして活躍しています。

また、調理人からデータサイエンティストに転身したり、土産物店のスタッフから情報分析を担当するエンジニアになったりしたケースもあります。

こんなキャリアチェンジが可能になるとは、本人も予想すらしなかったでしょう。

DXは企業が事業領域を変える手段であると同時に、**そこで働く人たちが新しい挑戦をして、スキルを増やしていくきっかけにもなる**のです。

もともと店舗型ビジネスを営んでいた会社が拡大を目指すとき、事業の多角化ではなく、同じ業態の店を増やす多店舗化を目指すパターンもあります。

食堂や土産物店を増やさないのは、場所に依存する事業を増やしてもリスク分散にならないことに加え、メンバーのキャリアが広がらないことも大きな理由です。

飲食店や小売店で働き始めても、そのうち他の職種に興味が出てきたり、同じ仕事を続けるのに飽きてしまったりすることもあるでしょう。

すると単一の事業しかない会社の場合は、辞めるという選択肢しかありません。

ですが、会社が他にも多様な事業を手掛けていれば、本人が興味を持てる仕事を提供できる可能性があります。

そうすれば貴重な人材を失うことなく、新たな事業の担い手として活躍が期待できます。


人手不足の時代には「新規事業を立ち上げるのに、その領域の経験者を採用しなければいけない」という発想を捨てる必要があります。

「うちの社員にデジタルなんて扱えない」と決めつけず、今いる人材が本来持っている資質やポテンシャルを開花させ、新しい事業領域の担い手として育成していく姿勢が求められています。

変える決断をするときの考え方

これまで事業の領域を広げる戦略をお伝えしてきましたが、物事を変える決断をするのは簡単ではないと思います。

「頭では変えないといけないとわかっていても変えられない」、そのときに念頭に置くとよい考え方をお伝えします。

「この商品は創業当時から販売しているから」

「これは社運をかけて立ち上げた事業だから」

このような理由で、会社の利益にならないビジネスをなんとなく続けているケースは少なくありません。

しかし、どれほど思い入れがある商品や事業でも、「お客様が買ってくれない」「売上が立たない」のであれば、それは世の中に必要とされていないのだと受け止めるしかありません。

ならば、終売や撤退を決断し、誰かに必要とされる新たな商品や事業の開発にリソースを投じるのが、適切な判断ではないでしょうか。

物事を変えるには、「執着」を捨てることが大切です。

打ち明けますと、大阪に土産物店を出店したことがあります。
しかし、コロナ禍のさいに撤退しました。
もともと不採算が続いていたところに、外出制限の影響で売上が激減。
これ以上続けるのは難しいと判断しました。

物事を大きく変えるときの決断ほど難しいものはありません。
執着を断ち切れないときは、「自分のこだわりが誰にとってメリットになるのか」を冷静に考えてみてください。

「その商品や事業を続けることが、本当にお客様にとってメリットになるのか」

「会社の従業員にとってメリットになるのか」

「地域や社会のためになるのか」

「逆にその商品や事業をやめることによるメリットはないのか」

こうして一つひとつ振り返った結果、私は「続けることのメリットは、自分自身のエゴや虚栄心が満たされることだけなのでは」と思い至ることがよくあります。

それに気づけば、こだわりを捨てる決断ができるはずです。

経営者がすべき、最も重要なこと

経営者が執着を手放すのは、会社や事業を長く存続させていくための条件です。
経営者が「自分がいなければ会社は回らない」と考えるのも決めつけかもしれません。

本書でも、仕事を属人化させてはいけないとくり返し述べてきましたが、それは経営者の仕事も例外ではありません。

自分がいなくなった後も事業が回る仕組みをつくり、特定の個人に依存しないビジネスモデルを確立する。

それが企業価値を高めることにつながり、結果的に長く存続する会社になっていくのだと考えています。

「いなくても成り立つなら、経営者は何をやりがいにすればいいのか」

そういった質問をよく受けます。

「あなたがいてくれるから会社が成り立っているんですよ」と言われたら、確かに嬉しいでしょう。気持ちは理解できます。

でも、私はそれ以上に、自分が何もしなくても会社が回っていると安心します。

「これで今の事業や商売を未来に残せる」

そう思えるからです。

場所にも個人にも依存せず、持続的にビジネスが回る仕組みをつくり、次の世代へバトンを渡す。

それが経営者の最も重要な仕事です。

おわりに　挑戦するマインドには再現性がある

これまで本当に多くの方々から、たくさんのことを教えていただきました。

その集大成が今の事業だと思っています。

特定の誰かに向けた謝辞というよりは、私の人生に関わってくださったすべての方々に、心から感謝申し上げたいと思います。


振り返ると、「ゑびや」に参入した当初は、「どうしようかなぁ」という不安と、「新しいことに挑戦する楽しさ」が入り混じった状態でスタートしました。

実際、どんなことにもさまざまな苦難がありました。

常に不安を抱えながら、

「もしものときには従業員を守れるだろうか」
「一緒に働いてくれている人たちに、どうすればより良い生活を提供できるだろうか」
「地方という環境でどのように仕事をしていけば多くの人の希望になれるだろうか」

そんなことを考えながら仕事をしていたと思います。

2012年に参入してからのこの13年という年月は本当にあっという間でした。多くの挑戦を積み重ねてきた経験はなにより大切な宝物だと感じています。

私は成功に「再現性」はないと思います。
ですが、「挑戦するマインド」には再現性があると感じています。

私はこの8年間、講演や研修を通じて「仕事」に対する自分なりの価値観や考え方を多くの方々にお伝えしてきました。そして、この考え方が地域社会や日本経済にとって有益につながるのではないかと考え、本書の執筆を決意しました。

まだまだ発展途上ではありますが、「地方の会社を再建してきた」という自負や、「若い経営者としての仕事観」を中小企業経営の一ページに加えたい、という想いも執筆の理由のひとつです。

これから日本は高齢化と人口減少によって、多くの企業が廃業に追い込まれる可能性が高いと言われています。

見方を変えると、それは若い世代がバトンを受け継ぐチャンスでもあると言えます。

初めて経営に携わる方々のなかには、右も左もわからない状態でがむしゃらに働く方も多いでしょう。そんな方々に少しでも参考になる一冊になればという想いです。

特に全体を通じて、〝考えたことを実行に移す〟ことの重要性に注目していただけると嬉しいです。

頭の中では理解していても、実際には行動に移せないものです。

本書を読んで、「こんなふうにやれば実現できるのか」「こういうアプローチがあるのか」と参考にしていただけたらと思います。

そして、どんなことでも〝一足飛び〟に達成できるわけではありません。

一歩一歩、階段を上っていくように、まるで詰将棋を打つかのように、目の前にある課題に貪欲に挑戦していく姿勢が大切です。

本書を通じて、そのことを少しでも感じ取っていただければ幸いです。

最後に、すべての挑戦する人へ。

「変化が激しい時代」といわれていますが、どの時代も常に変化し続けてきました。

ですから、今が特別なわけではないと私は思います。

地方の中小企業でもチャレンジを続けている人たちはたくさんいます。

物事の捉え方や考え方を少し変えるだけで、まだまだチャンスがあることを知っていただきたいです。

社会全体がうまくいっていないと感じる時代だからこそ、周囲の否定的な声に左右されすぎず、自分の考えを信じて突き進んでほしいと思います。

ときには諦めることも必要です。

そのときは気持ちを切り替えてまた新たな挑戦をしていくことが、これからの時代を生き抜く上で大切だと考えています。

ただ、事業を運営することは本当に大変だと思います。

多くの人々の人生を背負い、日々戦っている経営者の皆さんに、まずは心からエールを送りたいです。

私自身もそうですが、誰かに誇れるような華やかな仕事ばかりではない場合もあります。

「どうしてこんなことをやっているのだろう？」

「本当に誰かの役に立っているのだろうか？」

と自問自答をくり返すこともあるでしょう。

周りを見れば成功している経営者や素敵な事業ばかりで、自分のやっていることなんて、たいしたことない……そう思ってしまう気持ちもよくわかります。

社会のためになる事業もあれば、そうではない事業もたくさんあるのが現実です。

しかし、どんなことであっても〝がむしゃらに一生懸命やる〟ことが何より大切だと考えています。

私たちは商売人です。

どんな仕事でも徹底的に取り組み、稼ぐ。

そして一緒に働いてくれる仲間たちに、その利益を分け合う。

「カンパニー(company)」の語源は、〝パンを分け合う仲間〟という意味もあるそうです。昔も今も、大荒れの大海原を航海してきた仲間たちに報いるためにも、これからも一緒にがんばっていきましょう。

私は「何でもやる」という心構えでいます。

お金を払ってくださるということは、そこにニーズや必要とされる価値があるということです。そう信じて、今できることを全力でやり切る。可能な限り自分がなるべく楽しむ。――そんな人生をこれからも歩んでいきたいと思っています。

「かっこいい仕事」ばかりが素晴らしいわけではありません。

社会のためになっているのかどうか、正直わからないこともあるでしょう。

けれども、人々が求めているものを提供することは、十分に素敵なことであり、その存在意義は大いにあると私は信じています。

２０２５年３月

小田島春樹

ブックデザイン　山之口正和＋永井里実＋高橋さくら（ＯＫＩＫＡＴＡ）
ＤＴＰ　佐藤純（アスラン編集スタジオ）
校正　鷗来堂
編集協力　塚田有香

【著者紹介】

小田島　春樹（おだじま・はるき）

◉——有限会社ゑびや代表取締役。株式会社EBILAB代表取締役。

◉——1985年、北海道生まれ。三重大学地域イノベーション学研究科博士。三重県伊勢市にある妻の実家の老舗店を受け継ぎ、「ゑびや」代表に就任。AIなどを用いたデータ分析を取り入れ、経営改革に取り組む。

◉——2018年、株式会社EBILAB（エビラボ）を立ち上げ、来客予測を主軸としたデータ分析システムのサービス開始。マイクロソフト「People who inspired us」にて事例が紹介されるなど、世界からも注目を浴びている。2022年春、地域の課題解決をテーマに三重大学地域イノベーション学研究科の博士号取得。

◉——2019年、船井財団グレートカンパニーアワード、2020年、第3回日本サービス大賞「地方創生大臣賞」受賞。2024年、関西DXアワードなど、受賞歴多数。

ゑびや大食堂　https://daishokudo.ise-ebiya.com/
EBILAB　https://ebilab.jp/

仕事《しごと》を減《へ》らせ。
限《かぎ》られた「人《ひと》・モノ・金《かね》・時間《じかん》」を最大化《さいだいか》する戦略書《せんりゃくしょ》

2025年４月21日　　第１刷発行

著　者——小田島　春樹
発行者——齊藤　龍男
発行所——株式会社かんき出版
東京都千代田区麹町4-1-4 西脇ビル　〒102-0083
電話　営業部：03(3262)8011㈹　編集部：03(3262)8012㈹
FAX　03(3234)4421　　振替　00100-2-62304
https://kanki-pub.co.jp/

印刷所——ベクトル印刷株式会社

　ISBN978-4-7612-7802-1 C0034

好評既刊

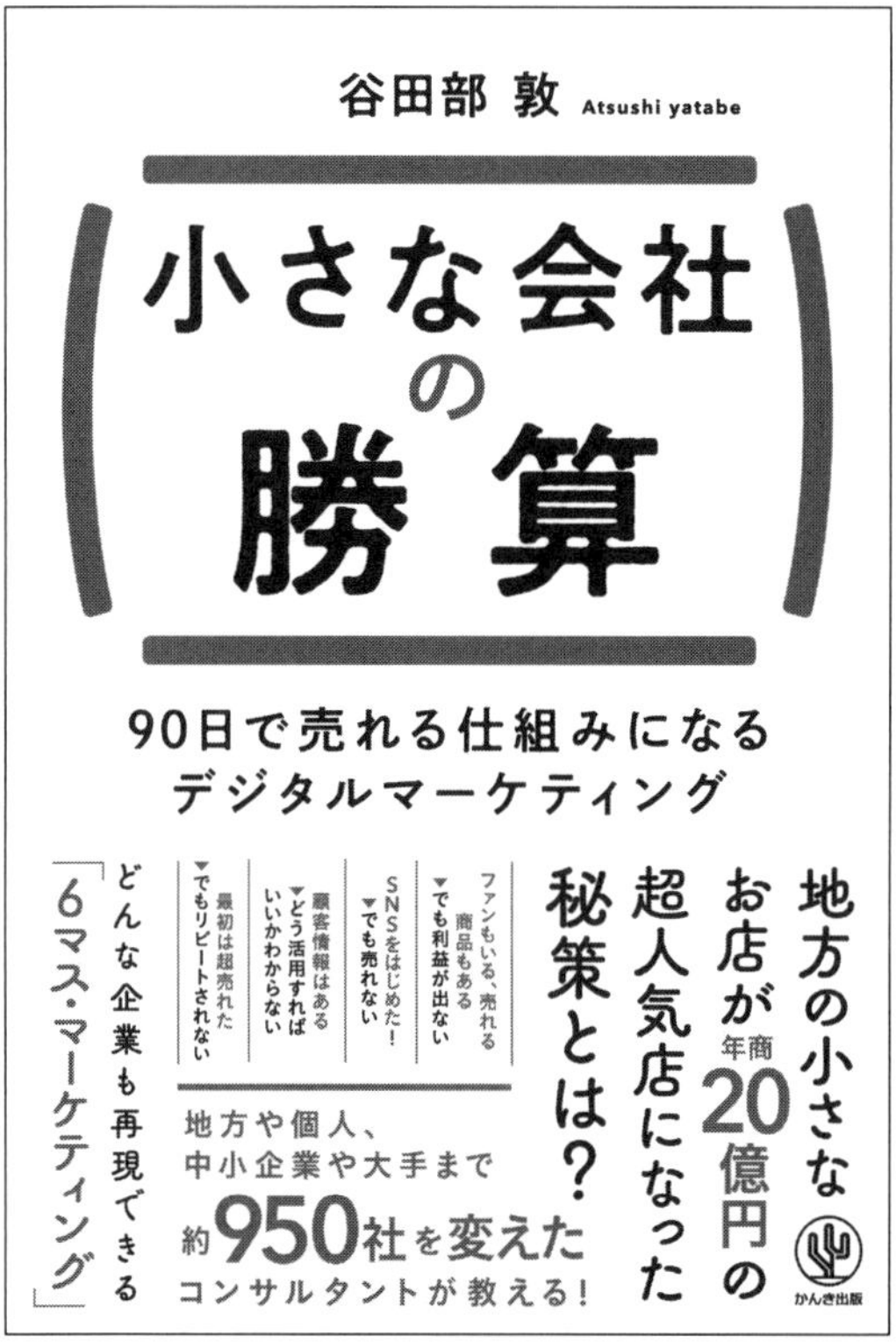

『小さな会社の勝算
90日で売れる仕組みになるデジタルマーケティング』

谷田部 敦 著

ISBN：978-4-7612-7714-7
発行日：2024年1月10日

好評既刊

『働きたくなる職場のつくり方』

荒川陽子 著

ISBN：978-4-7612-7661-4
発行日：2023年5月24日